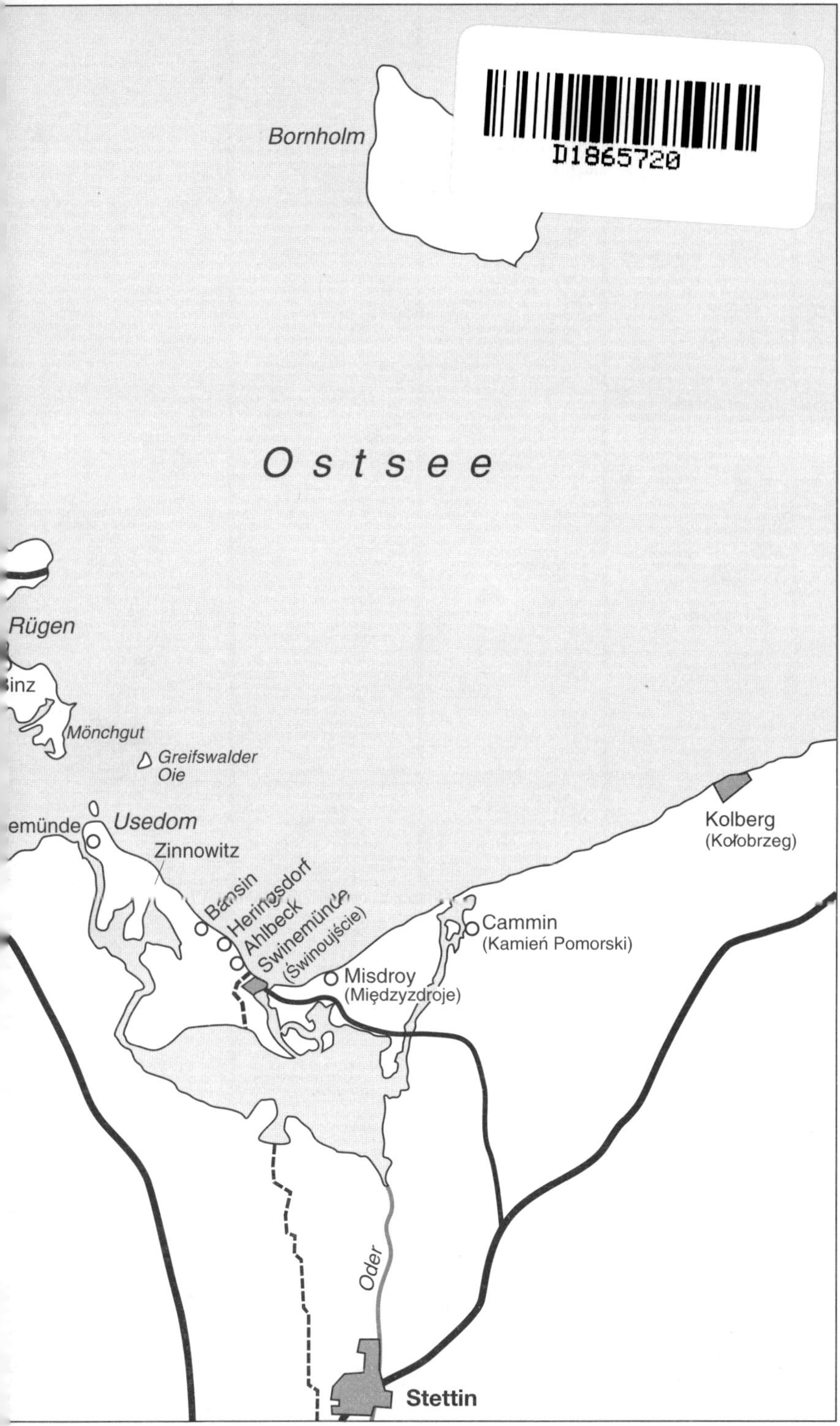
Bornholm
Ostsee
Rügen
Mönchgut
Greifswalder Oie
Usedom
Zinnowitz
Bansin
Heringsdorf
Ahlbeck
Swinemünde
(Świnoujście)
Misdroy
(Międzyzdroje)
Cammin
(Kamień Pomorski)
Kolberg
(Kołobrzeg)
Oder
Stettin

JUTTA STÖSSINGER

Badeleben

Literarischer Reisebegleiter
von Wismar bis Danzig
Unter Mitarbeit von Heiner Maier

Klett-Cotta

Inhalt

Die Reise beginnt ... 7

Wismar und Rerik
Sansibar oder der letzte Grund ... 12

Von Kühlungsborn nach Bad Doberan
Die weiße Stadt am Meer ... 19

Rostock
Das Tor zur Welt ... 29

Exkurs: Backsteingotik
Triumph über die Schwerkraft ... 38

Zwischen Warnemünde und Graal-Müritz
Sommerfrische ... 42

Exkurs: Badeleben
Von Strandkörben und Sandburgen ... 55

Von Ahrenshoop bis Zingst
Auf dem Fischland ... 61

Exkurs: Bauernkaten und Herrensitze
Das Leben auf dem Lande ... 69

Stralsund
Meerstadt ... 73

Rügen-Radeln
Ein Rendezvous ... 80

Hiddensee
Ein Winterstück ... 92

Greifswald
Caspar-David-Friedrich-Stadt ... 102

Usedom
Das Nizza an der Ostsee ... 109

Exkurs: Peenemünde
Wiege der Raumfahrt ... 119

Świnoujście/Swinemünde
Perle der Ostsee ... 124

Międzyzdroje/Misdroy und Kamień Pomorski/Cammin
Zeitreise ... 135

Exkurs: Bernstein
Gold des Nordens ... 142

Von Kołobrzeg/Kolberg nach Gdańsk/Danzig
Stolper Jungchen ... 145

Danzig
Königin der Weichsel ... 154

Quellennachweis ... 170

Die Reise beginnt

Eine Lindenallee in Mecklenburg-Vorpommern, grüner Tunnel von betörendem Duft.

___________ Hubert Leicht hatte Geburtstag. Frau Noack gab uns Quartier. Freunde beide aus dem süddeutschen Raum, die es irgendwann in den Achtzigern beruflich nach Hamburg verschlagen hatte. Wir tranken Prosecco auf Hubert und den Umbau seiner Wohnung. Logierten später in Frau Noacks Gästezimmer mit Ausblick zur Ise und beredeten die Party. Schinken bei Melone. Lachsmousse an Linsensalat. Zuppa Inglese und Zitronensorbet zum Lavazza. Die Küche: ein Gedicht in Blau-Weiß. Der Salon: Hommage an die geliebte Sachlichkeit. Die Flure: weitläufig, aber bevölkert. Schöne Frauen, einsame Trinker. Gorges-Bilder an den Wänden. Wagenfeld-Lampen auf der Konsole. Und zur Krönung: Rotkäppchensekt, ein gelungener Scherz der Bekannten aus Rostock. Chris, die Buchhändlerin, trug ein Kleid von Gaultier (second hand), Mike, der Architekt, sprach über Altstadtsanierung in den neuen Ländern. Sympathische Leute, gar nicht fremd. Anderntags fahren wir nach Osten, ein Freßpaket von Frau Noack im Reisegepäck, denn man weiß nie, was kommt.

Das Frühjahr war verregnet. In Italien: Wolkenbruch über Wolkenbruch. In Frankreich: Hagelschauer, Kältewellen. An der Costa del Sol: Sturzbäche. Im süd-, west- und norddeutschen Raum: Schmuddelwetter wie im November. Aber ostwärts, bei Schwerin, klart es auf. Im Dorf Mecklenburg, das dem Landstrich zu seinem Namen verhalf, treibt eine frische Brise die letzten Wolkenfetzen auseinander und setzt die Flügel der behäbigen Windmühle aus dem vergangenen Jahrhundert in Gang. Goldgelbe Rapsfelder leuchten in der Maisonne. Kirchtürme, backsteinrot, überragen klitzekleine

Marktflecken. Der Flieder changiert zwischen blaßblau und purpur. Die Schwalben fliegen hoch. Kastanienalleen behüten unseren Weg. Ein Seidenhimmel wölbt sich über Wismar. So soll es sein.

Natürlich haben wir auf freiem Feld die Hobbymärkte und Autocenter, die SB-Tankstellen und McDonald's-Stationen, die unsere Seele kränken, nicht übersehen können, so sehr wir uns auch mühten. Nigelnagelneue Mittelklassewagen und auf Hochglanz gewienerte Campingbusse, vollklimatisierte Dorfgasthäuser und postmoderne Regenvordächer – alles längst da. Nur kein Neid, spotteten wir und dachten an unsere schicke Hamburger Party, nur keine falschen Sentimentalitäten. Aber daß da vor Niendorf zwei Zicklein übers Kopfsteinpflaster sprangen, bei Groß Stieten eine Herde Heidschnucken auf der Wiese graste und in Karow ein Storch aus dem Nest sah, das kam uns grad recht. Hoffnungslos von gestern, wie wir manchmal sind.

Die Ostsee ist früher von Warnemünde bis Zoppot das Synonym für Sommerfrische gewesen. Von Berlin nach Rügen: ein Katzensprung. Von Hamburg nach Poel: kaum der Rede wert. Die Pioniere kamen schon um 1800, als kluge Hofärzte ihrer leidenden Klientel eine stärkende Kur in Sonne und Meer anempfahlen und noch klügere Herzöge die neuen medizinischen Erkenntnisse zu versilbern gedachten. Die ersten Seebäder entstanden, elegant und mondän. Andere folgten, familiär und reell. In den Nischen siedelte, wie überall und stets, die Bohème. Schriftsteller, Maler, Schauspieler entdeckten die wildromantischen Steilküsten und irrlichternden Binnenseen, die pittoresken Fischerdörfer und schattigen Buchenwälder für sich, ihre Arbeit und ihre Techtelmechtel. Wir sprechen über den Krieg, der dem allen ein jähes Ende gemacht hat, und über jene Freizeitfreuden, die den werktätigen Massen in den Betriebserholungsheimen zwischen Rerik und Zinnowitz vergönnt waren. Was wissen wir schon davon?

Sang- und klanglos hat sich die ehemalige DDR verabschiedet. Ganz stiekum verflüchtigt sich auch jegliches Ost-Flair. Wann ist das denn gewesen, daß wir über Würzfleisch Witze gemacht und den Blauen Würger unserer benachbarten Schluckspechte milde belächelt haben? Fast vergessen. Fremdenzimmer bieten sich inzwischen mit Bad und Frühstück an. Ferienappartements buhlen um die Gunst der Gäste. Nicht, daß die Plattenbausilos über Nacht das Zeitliche gesegnet hätten oder der Geruch nach Braunkohle von jetzt auf gleich Vergangenheit geworden wäre. Das nicht. Auch in den Köpfen nisten, hüben wie drüben, noch alte Gespenster. Aber Cola Light ist schneller als der Wandel im Geiste und Cappuccino (mit Milch) eine begrüßenswerte Verabredung der zivilisierten Welt.

Den Dichtern ist es vorbehalten, Erinnerung zu schnüren und zu bündeln. Romane, Erzählungen, Briefe werden das Klima im kalten wie im wilden Osten dereinst besser beschwören als jede Stasi-Akte. Kinder und Kindeskinder werden staunend von einer Welt erfahren, in der trotz Planwirtschaft Mangel herrschte und trotz hehrer Ideale Denkverbot. Und der banale Alltag? Wenn Jerichow damals wirklich zum Westen gekommen wäre, überlegen wir uns, was hätte das schon groß geändert? Der Supermarkt hätte den Konsum abgelöst, gewiß, aber der Gartenzwerg und die Wolkenstores wären nicht so schnell verschwunden. Samstags würde der Bürgersteig gekehrt, wie überall, und die Sofakissen hätten weiter einen Knick, kein Drama. Heimatland. Uwe Johnson, Mecklenburger, Grenzgänger, hat es Anfang der 70er Jahre vermessen.

> Wenn Jerichow zum Westen gekommen wäre:
> Die Stadtstraße wäre ein Kanal zu ebener Erde, asphaltiert, eingefaßt von Kristallglas und Chrom. Auch in den ärmsten Häusern wären die Kreuzstöcke ausgebrochen, ersetzt durch Schaufenster oder durch doppelglasig

versiegelte Apparate, zweiseitig schwenkbar. Zwei Fahrschulen, ein Reisebüro, eine Filiale der Dresdner Bank. Elektrische Rasenmäher, Haushaltsgerät aus Plastik, Taschenradios, Fernseher. Methfessel jun. hätte den Verkaufsraum der Fleischerei voll verkachelt. In der Einfahrt der Sportwagen des Gesellen, mit Überrollbügel. …
Ins Bahnhofsrestaurant hätten sie eine niedrige Decke eingehängt, die verheizten Möbel wären ersetzt durch Gelsenkirchener Barock, klimatisierte Kuchenvitrine, da wären Teppichfliesen ausgelegt. …
Freunde in Wismar müßten über 65 sein, um Leute in Jerichow zu besuchen. In Bad Kleinen umsteigen in den Interzonenzug nach Hamburg über Schönberg und Lübeck. Wären einander recht fremd geworden.

Sind einander noch immer nicht nah. Bildungsbürger aus dem Westen, also solche wie wir, fahren im Geiste gern mit einem Eimerchen Farbe und einem Säckchen Zement durch den Osten (»Was man daraus alles machen könnte!«). Andererseits sind sie geneigt, jeden Pumpenschwengel und jede Gaslaterne romantisch zu finden. Ostlern, Polen zumal, mag das bisweilen befremdlich erscheinen. Hatten sie nicht allen Grund zur Freude, als die erste Waschmaschine kam und der Strom aus der Steckdose? Sollen ausgerechnet sie Enthaltsamkeit und Tempolimit zur Tugend erheben? Und ist es nicht zwischen Siegestaumel und Katzenjammer, Zukunftsplänen und Vergangenheitsbewältigung, Binsenweisheit und Besserwisserei ein, pardon, weites Feld? Mißverständnisse bleiben da nicht aus, Widersprüche auch nicht. Ein Merkmal übrigens des Reisens.

Sansibar oder der letzte Grund

Hafen von Wismar: Viele wollen von hier aus übers Meer, Judith zum Beispiel.

——————— Eine Reise durch Mecklenburg ist eine Reise durch die Zeit, natürlich. Beharrungsvermögen, Rückständigkeit gar, hat man den Bewohnern nachgesagt, gebe Gott, daß da was dran ist, jetzt, wo die Weichen neu gestellt werden und der Aufschwung-Ost zur allfälligen Disposition steht. Die St. Georgenkirche hinter dem Fürstenhof zu Wismar, angeblich »größte sakrale Ruine Europas«, soll mit Hilfe potenter Spender restauriert werden. Die Namen der Wohltäter lesen sich wie der Gotha des Wirtschaftswunders-West und sind wie ein Ablaßbrief an den Bauzaun genagelt: Mercedes Benz, Karstadt, Nestlé, Allianz, Hoechst; auch die »Volkstümliche Hitparade« des ZDF hat sich nicht lumpen lassen, das stimmt uns froh. Wie überhaupt die Backsteingotik, wenn sie nur so recht vor das hohe Himmelsblau plaziert ist, bei aller Wucht und Masse das Herz erhebt. Von weit her winken die Masten und Kräne der Wismarer Werft. Die Stadt ist ja ein bedeutender Handelsplatz gewesen, den Schweden im 17. Jahrhundert einen Schachzug wert. Mit Lübeck und Rostock, Greifswald und Stralsund schloß sie sich zur »Dudeschen Hanse« zusammen, um ihren Reichtum zu mehren und den Piraten zu trotzen. Ein Imperium entstand, in dem statt des Adels gutbetuchte Pfeffersäcke, Gilden und Zünfte das Sagen hatten, Koggen und Fregatten gegen den Wind kreuzten, Seide und Gewürze aus dem Orient gegen Pökelfisch und Sklaven aus dem Norden umgeschlagen wurden. Lang ist es her.

Aber auf dem weitläufigen Markt hat die Schönheit schon wieder mit dem Mammon angebandelt. Gotik, Barock, Klassizismus, Jugendstil, alle Epochen haben rund um den Brunnen eines Utrechter Baumeisters prächtige Bürgerhäuser hinterlassen, in denen heute die Banken und die Sparkassen, die Raststätten und die Herbergen residieren. Der »Uhlenkrug«: holzgetäfelt und bleiverglast. »Zum Weinberg«: kirchengleich mit Balkendecke und Empore. Das »Hotel Stadt Hamburg«: vom Feinsten. »Großer Gott, wir loben dich«, wird in St. Nikolai gesungen, nachdem die Bläser verstummt sind. Unter dem himmelhochjauchzenden Kreuzgewölbe gedenkt ein Wende-Pfarrer der Zeit, als die Mauer fiel, und der städtische Chronist der tausend Jahre, die Mecklenburg nun auf dem Buckel hat. In den Fenstern bricht sich das Sonnenlicht. Kinder sprechen ein Gedicht auf Platt, das handelt von armen Leuten. »Sei was so bleik, sei was so blaß/ Ehr Thranen föllen in't gräune Gras.« (Danke, Fritz Reuter.) Dann gibt es Topfkuchen und Kaffee aus Thermoskannen.

Spickgans wird früher zu festlichen Anlässen aufgetischt worden sein, Zungenragout und Mecklenburger Rolle. In den Speicher- und Giebelhäusern rund um die Lübsche Straße werden sich die Dielen unter den schweren Schränken und Truhen gebogen haben: Brüsseler Spitzen, Fayencen aus England, Zinn und Kupfer, Getreide und Salz. Das Stadtgeschichtliche Museum, im Renaissance-Palais des Bierbrauers Hinrich Schabbell untergekommen, hat die Blütezeit Wismars dokumentiert. Die Schattenseiten klammern wir mal aus. Bagger und Baugerüste verweisen in die Zukunft. 350 Gebäude stehen in der 60 000-Seelen-Gemeinde auf der Liste der Denkmalschützer. Wenn sie alle restauriert sind, wird die Stadt eine Puppenstube sein. Alfred Kerr aber, Theaterkritiker in Berlin, Reisender aus Passion, Emigrant vor den Nazis, hat in Wismar schlechte Laune gehabt. Es war auch schlechtes Wetter.

> Naß-frostig weht es gewissermaßen um die Stadt. Ach, geduckt in der Bucht liegt sie. Verschollen. Jeder Stein spricht: »Es war einmal.« Wann? Zur Schwedenzeit.

Noch zeugen Maßkrüge, Holzschnitzereien, Täfelungen, Schiffspuppen, verschossene Stiche von Dahingegangenem. ...
Eckige Kulissen haben die Schwedenbauten – aus Rot-Ziegeln (mit schwarzglänzigen Ziegeln dazwischen). Ist es Zier? Ist es Schönheit? Na! So eine Art düsterer Nordverschönerung. ...
Dann kommt mecklenburgische Anmut, nach dem Schwedengraus. Es gibt noch einen Marktplatz; es gibt noch alte Linden; es gibt noch ein Rathäuschen; es gibt noch eine zutraulich ulkige Wasserkunst; es gibt runde, dralle, helle (nein, Leser, so geht es jetzt nicht fort, wie Sie denken) Säulen auf breiten, wohlhäbigen, freundlich mäklenborgischen Stufen. Und es gibt unten, im Tal, Schmuckhütten, junge Landsitze. ... Oben lastet im Traum die Schwedenstadt, wo an blinden bleidüsteren, murrend-kalten Fassaden das Auge friert. Wo ich gleichfalls fror, zwei Tage lang – und dennoch glücklich war.

Wir fahren ans Meer. Noch haben wir es nicht in seiner ganzen Herrlichkeit gesehen. Passieren Neubukow, Geburtsort von Heinrich Schliemann, mit seinem Krämerladen (!), dem Seniorenclub und dem »Eiscafé Troja«. Denken über den Zusammenhang von ländlich-sittlicher Idylle und ausgeprägtem Fernweh nach. Reiben uns verdutzt die Augen vor dem Verkehrsschild »Vorsicht, freilaufender Bulle«. Sind voll des Lobes für die Reetdächer und die Streuobstwiesen und die Libellen über den Weihern. Lassen die Insel Poel, wo der rotschnäbelige Austernfischer in den Schilfbuchten pfeifen und die Seeschwalbe in den Salzwiesen nisten soll, aus zeitlichen Erwägungen links liegen. Dann erreichen wir Rerik. Da wollten wir hin.

Ja, der Sand ist makellos weiß und die Küste unverbaut. Drei Dutzend Strandkörbe sind mit gestreiftem Markisenstoff bespannt, wie es sich gehört. Die Möwen kreischen zum

Steinerweichen und gucken emmamäßig. Schaumkronen glitzern auf dem smaragdgrünen Wasser. Eine hölzerne Seebrücke strebt dem Horizont zu. Datschen und Pensionen dösen hinter Heckenrosen. Noch ist es Mai. Noch verlaufen sich nur ein paar barfüßige Urlauber in den Dünen. Auch zur Hochsaison wird Rerik so bald kein Modebad sein, die »Strandboutique« mit Gummibooten, Schwimmflügeln und Taucherbrillen kann darüber nicht hinwegtäuschen, und die Hünengräber an der Liebesschlucht sind kein eigentliches Highlight für Sonnenanbeter. Wir jedenfalls essen am Kiosk »Sturmede« in aller Ruhe ein Fischbrötchen sowie Pommes mit Majo und lassen uns den Wind um die Nase wehen.

Dann gehen wir auf den Friedhof, Alfred Andersch zuliebe. Denn hier, hinter dem Dorfkirchlein, träumte einmal ein Fischerjunge aus Rerik vom fernen Sansibar, jonglierte ein einfacher KPD-Genosse zwischen Anspruch und Realität, Kadergehorsam und Bequemlichkeit, hat ein Pastor keine Mördergrube aus seinem Herzen gemacht. Hier versucht Pfarrer Helander den »lesenden Klosterschüler«, eine Plastik des als entartet geltenden mecklenburgischen Bildhauers Ernst Barlach, vor den Nazi-Schergen zu verstecken. Und hier trifft sich Georg, der Widerstandskämpfer und abtrünnige Kommunist von irgendwoher, mit Judith, dem jüdischen Mädchen aus Hamburg. Alle sind sie auf der Flucht. Alle wollen von Rerik aus übers Meer. Nach Dänemark, besser gleich nach Schweden. Und via Casablanca in die Neue Welt.

> Zum erstenmal kamen ihr Bedenken, ob Mamas Rat, es von Rerik aus zu versuchen, richtig gewesen war. Travemünde, Kiel, Flensburg, Rostock – das wird alles überwacht, hatte Mama gesagt, du mußt es in Rerik versuchen, das ist ein toter kleiner Platz, an den denkt niemand. Nur die kleinen schwedischen Holzsteamer laden da aus. Du mußt ihnen einfach Geld anbieten, viel Geld, dann nehmen sie dich ohne weiteres mit. – Mama hatte

immer ein kleines sentimentales Faible für Rerik gehabt, seitdem sie die Stadt zwanzig Jahre zuvor mit Papa gesehen hatte, auf der Rückreise von einem glücklichen Sommer in Rügen, aber ein glücklicher Tag in Rerik war sicher ganz anders als ein Tag auf der Flucht in Rerik, unter einem leeren Spätherbsthimmel.
Du mußt dich entschließen, Kind, hatte Mama erst gestern gesagt. Judith blickte auf das Waschbecken und den Koffer und dachte wieder an den Parterresalon ihres Hauses am Leinpfad, an das letzte Frühstück mit Mama, an den Blick in den Garten, in dem die spätesten Georginen vor dem dunklen, olivseidenen Kanal leuchteten, und wie sie die Tasse klirrend niedergesetzt und gerufen hatte, daß sie Mama nie, nie, nie allein lassen würde.
Willst du warten, bis sie dich abholen? hatte Mama gefragt, willst du mir das antun?
Und soll ich fortgehen und wissen, daß du abgeholt wirst, und mir vorstellen, was sie mit dir machen?
Ach, mich werden sie schon in Ruhe lassen, hatte Mama gesagt, ohne den Blick auf ihre gelähmten Beine zu senken. Ich würde ihnen zu viel Umstände machen. Und nach dem Krieg sehen wir uns dann wieder.
Vielleicht werden sie auch mich gar nicht holen, hatte Judith erwidert. Vielleicht wird alles gar nicht so schlimm, wie du denkst, Mama!
Sie werden ihren Krieg machen, Kind, glaub mir! Er ist ganz nah, ich kann ihn schon fühlen. Und sie werden uns alle sterben lassen in diesem Krieg.
Ich gehe unter keinen Umständen fort von dir, Mama, hatte Judith geantwortet. Es ist mein letztes Wort. Und plötzlich hatten sie sich umschlungen und heftig geweint. Dann war Judith in die Küche gegangen, um das Frühstücksgeschirr abzuspülen.
Als sie in den Salon zurückkam, war Mama tot. Sie war über dem Tisch zusammengesunken, und in der rechten

Hand hielt sie noch die Tasse, aus der sie das Gift getrunken hatte. Judith hatte die Reste der geleerten Kapsel in der Tasse gesehen und gewußt, daß nichts mehr zu machen war.
Sie war auf ihr Zimmer gegangen und hatte den Koffer gepackt, und dann war sie zu Direktor Heise in die Bank gefahren und hatte sich Geld aus Papas Erbe geben lassen und Heise Bescheid gesagt. Er würde Mama bestatten lassen und dafür sorgen, daß die Fahndung nach Judith so spät wie möglich in Gang kam. Sie hatte ihm nicht gesagt, daß sie nach Rerik gehen würde. Heise hatte verschiedene ausgezeichnete Fluchtwege vorgeschlagen, aber Judith hatte dazu nur eigensinnig den Kopf geschüttelt. Mama war gestorben, damit sie, Judith, nach Rerik gehen könne. Es war ein Testament, und sie hatte es zu vollstrecken.

Allerdings hatte Judith sich Rerik ganz anders, irgendwie sommerselig, vorgestellt, und auch wir haben es uns anders gedacht. Klein, sicherlich, aber mit einem Hafen für dickbauchige Schiffe, mit hohen Kirchtürmen und einem Hotel namens »Wappen von Wismar«. So hatte Alfred Andersch, der grandiose Erzähler mit dem aufrechten Gang, es doch beschrieben. Wir finden kein Hotel, auch keinen Hafen. Barbara Carnein, Leiterin des Heimatmuseums, klärt die Verwirrung auf. Rerik hieß bis 1938 Alt-Gaarz und war eine Gründung der Slawen, ein Erbe, das zu jener Zeit nicht eben populär gewesen ist. Die Nazis bedienten sich des geschichtlichen »Reric«, das, irgendwo vor Wismar gelegen, ein ruhmreiches Emporium Karls des Großen gewesen sein soll, und nannten das Fischerdorf um. »Die Frage ist«, sagt Frau Carnein, »ob Alfred Andersch absichtlich diese alte Geschichte mit der neuen vermischt hat.« Und: »Die Landschaft um Rerik hat den gleichen Charakter wie die Wismarer Gegend. Darum soll man die Schilderungen im Roman nicht so eng sehen.« Da hat sie recht.

Die weiße Stadt am Meer

Hochbetrieb in Kühlungsborn; wenige Kilometer weiter: Dornröschenschlaf.

__________ Es geht dem Sommer entgegen, gen Kühlungsborn, welch schöner Name für ein Seebad. Das traditionsreiche »Baltic«, das mal den Rothschilds gehörte, hat noch geschlossen. Die Jugendstil-Villa »Rheingold« wird soeben nach allen Regeln der Rentabilität auf Vordermann gebracht. Das »Schloß am Meer«, laut Eigenwerbung der »ältesten Hotelier-Vereinigung der Welt« assoziiert, harrt hinter seinen Türmchen und Erkern und Balkonen geduldig der Saison. Die kommt so sicher wie das Amen in der Kirche. 130 000 FDGB-Urlauber bevölkerten Jahr für Jahr die drei Kilometer lange Promenade, die die alten Ortschaften Arendsee und Brunshaupten miteinander verbindet. Die touristische Infrastruktur ist vorhanden, jede Graumäusigkeit muß weg. »Die Ost-Neugier der Wessis ist befriedigt«, heißt es an der Schloß-Rezeption zwischen Silberleuchtern und Blumenbukett, »die Leute, die jetzt kommen, wollen gepflegt Urlaub machen.« Das darf dann was kosten. 52 Hotels und 150 Lokale sind in Kühlungsborn bei schwankendem Preis-Leistungs-Verhältnis bereits etabliert. Davon kann die stille Schwester nebenan nur träumen. Heiligendamm, das erste deutsche Seebad, Reiseziel von Ministern und Müßiggängern, Kommerzienräten und Ballköniginnen, liegt im Dornröschenschlaf.

Welcher Prinz oder Dollarmillionär wird es wachküssen? Die einheitlich klassizistische Anlage der Baumeister Severin und Seydewitz mit ihrem »Gesellschafts-, Tanz- und Speisehaus«, den Villen und Säulen, so weiß wie Schnee, steht unter Denkmalschutz und dem Damoklesschwert ungeklärter Besitzverhältnisse, nicht eben ein Anreiz für Investoren. Efeu und wilder Wein umklammern schon die Fassaden. Ein Hauch von Morbidezza liegt bereits in der Luft. Einstweilen kurieren Kassenpatienten ihre Herzbeschwerden im Kurmittelhaus aus, raten Kreuzworträtsel an der Promenade und trinken Blümchenkaffee vor den akkuraten Rabatten aus gelben und blauen Stiefmütterchen. Ganz ähnlich wie unter dem Zepter des realexistierenden Sozialismus, als die Landeszeitung für Mecklenburg schrieb: »Die exklusive ›bessere Gesellschaft‹ wird sich hier nie mehr auf Kosten der Werktätigen von ihrem Drohnendasein ›erholen‹.« Das muß ja nicht sein. Ein Golfplatz muß nicht sein, auch kein Grandhotel, wie es die regionale Finanzministerin gleich nach der Vereinigung vollmundig orakelt hatte. Aber ein bißchen Champagnerlaune stände diesem bezaubernden Ort doch gut zu Gesicht. Die Pferderennbahn, 1823 begründet und in den muffigen Fünfzigern wegen Dekadenz dem Verfall preisgegeben, wurde schließlich auch schon wieder mit Trara eröffnet. Da soll es allerdings Bindfäden geregnet haben. Die Damen trugen Florentinerhüte. Und Gummistiefel.

> Es war mehrere Jahre vor dem Weltkrieg. Da schrieb ich an Rilke: »Wir sind hier an einem wunderbaren kleinen Ort am Meer. Nur einige weiße Empirehäuser stehen neben den Buchenwäldern. Hinter den weißen Säulen, vor der hellblauen See, leuchten rote Rosenbeete. Ein alter, kleiner Esel zieht unbekümmert durch die Sandwege, von allen angeredet und doch ganz in seiner eigenen Welt versunken. Im Kursaal, wo man unter grauen Glaskronleuchtern ungestört Klavier spielen kann, ist dieselbe etwas verstaubte Luft, die den ganzen Ort erfüllt.«
>
> Einige Wochen waren in dieser träumerischen Beschaulichkeit vergangen, als plötzlich eines Tages herrliche, rassige Pferde einhersprengten und vor dem Hintergrund des weiten Meeres sich bäumten und stampften. Dem

kleinen Esel wurde es unheimlich zumute, und er entschwand spurlos. Nun kamen auch viele Damen und Herren in bunten Trachten auf Wagen angefahren, von hochtrabenden Viererzügen gezogen. Das ganze Kurhaus erfüllte laute Geschäftigkeit. Es waren die Tage des großen Rennens und des »Concours Hippique« in Heiligendamm. Eifrige Kellner zogen mit großen Rosenbüschen in die Zimmer der Damen. Man winkte aus Fenstern und lachte in Nischen. Immer wieder kamen neue Viererzüge und reitende Kavaliere mit weißer Nelke im Knopfloch. Am Abend spielte die Musik besonders beschwingte Weisen und der verträumte Saal war voll heiterer Tänzer, während an den Soupertischen die Sektflaschen knallend geöffnet wurden und lautes Lachen erschallte.
Da kam in mein Zimmer, das etwas stiller über dem Meere lag, ein kleiner Brief von Rilke. Er sei in diesem Hotel angekommen, schrieb er, würde aber in einer halben Stunde wieder abreisen, da es doch hier zu unruhig sei. Ob er mich einen Augenblick sehen könnte? Wir trafen uns in der Halle. Rilke war ganz grau und ausgelöscht. Seine großen blauen Augen blickten nach innen. Er hatte die Tarnkappe aufgesetzt, die ihn in einer ihm nicht gemäßen Umgebung gleichsam unsichtbar machte – ein Vorgang, den ich in dem Maße nur bei ihm beobachtet habe. Unbemerkt schritten wir auf den lärmenden Platz hinaus. Doch bald hatte sich der Weg zum Buchenwald gefunden. Und plötzlich umgaben uns die festen, wohlgeformten, glatten Stämme, das tiefe Grün, hinter dem wiederum das Meer aufleuchtete. »Hier ist der Frieden, von dem ich Ihnen geschrieben habe, das andere Treiben dauert nur noch wenige Stunden, bitte bleiben Sie!« Rilke blieb, und der Zauber seiner Welt folgte ihm nun hier wie überall nach.

Helene von Nostitz, die diese Begegnung beschrieb, bereiste an der Wende zum zwanzigsten Jahrhundert das alte Europa und erlebte die Götterdämmerung vor dem Grollen der Geschütze des Ersten Weltkrieges mit wachen Sinnen. Eine Epoche ging zuende, zugrunde, könnte man auch sagen. Rainer Maria Rilke, Eleonora Duse, Auguste Rodin, Max Reinhardt gehörten zu ihren Wahlverwandten und zu jenem musischen Kreis, der nach dem Urteil Hugo von Hofmannsthals »Wärme und Mitfreude durch das ganze Deutschland« verströmte. Jahrzehnte zuvor erholte sich in Heiligendamm eine zarte junge Dame von Blässe und Schwermut. Charlotte Stieglitz, dem erfolglosen Poeten Heinrich angetraut, schrieb schwärmerische Briefe nach Hause:

> Wir sind hier, seitdem wir den ganzen Tag am Meer streifen, ganz andere Personen; kaum wissen wir, ob das Försterhaus, dessen Besitzer magische Künste übt, Schmerzen bespricht, Blut stillt, Krankheiten vergräbt wo kein Mond und keine Sonne hinkommt, schon an und für sich zauberisch wirkt; genug, Doris hat seit der ersten Stunde Aufenthalt im Hause jede Spur von Zahnschmerzen verloren, und ich bin ganz wie neu geboren; so weich das Wasser, so wohltätig wirkend auf Körper und Geist, der Appetit so groß am großen Meere, ach und die Portionen so groß, daß selbst der hungrige Poet niemals gezwungen wäre, da wo es ihm doch so schwer wurde, Bescheidenheit so *ainsi* zu üben. Wahrlich, mein Lieber, jetzt würdest Du mit Frau und Schwägerinnen vollkommen zufrieden sein.

Der Stimmungswechsel war nicht von Dauer. Zwei Jahre später ist Charlotte Stieglitz tot. Georg Brandes, ihr Biograph, berichtet: »Als sie am 29. Dezember des Jahres 1834 nach Hause kam, wusch sie sich, bekleidete sich mit einem reinen, weißen Nachtgewand, schrieb einige Zeilen an Heinrich, in denen sie dem Glauben Ausdruck gab, daß ihm im Unglück neues Leben erkeimen werde, und endete mit der Aufforderung, er möge jetzt nicht schwach, sondern ruhig, stark und groß sein. Darauf legte sie sich auf ihr Bett und stieß sich den zur Hochzeitsreise gekauften Dolch mit fester, sicherer Hand in die Brust.« Was war geschehen? Die Dichterbraut hat sich als Opfer dargebracht. Ihr Selbstmord soll dem vergötterten Gatten zu schöpferischer Freiheit verhelfen, sein schwaches Talent beflügeln, das schlummernde Genie zum Leben erwecken. Die Romantiker haben ihren Skandal.

Péter Nádas, der große ungarische Romancier, hat seine Erinnerungen.

> In Heiligendamm schien die Sonne, doch was dort mit mir geschehen ist, kann ich mir nicht erklären.
> Wenn ich mit Worten nachlässig umginge, würde ich sagen, daß ich mich dort glücklich fühlte, und bei diesem Glücksgefühl spielte gewiß das Meer eine Rolle, die Reise und alles, was ihr unmittelbar voraufgegangen war, aber auch der hübsche kleine Ort, den man die »weiße Stadt am Meer« nennt, eine leichte Übertreibung, weil zu beiden Seiten des ansehnlichen Kurhauses im Halbkreis nur ein Dutzend gleicher einstöckiger Villen stehen, mit der Stirnseite zum Meer, aber in der Tat ist alles weiß, die Fensterläden, die jetzt geschlossen sind, die Bänke auf dem glatten grünen Rasen, die Säulenhalle, die in einer Ecke aufgestapelten Stühle des Sommerorchesters, gleich weißen Bollwerken zwischen giftgrünen, zu geometrischen Formen gestutzten Buchsbaumhecken und hoch aufgeschossenen Schwarztannen, die Hauptrolle aber fiel dem trügerisch schönen Wetter und der Stille zu.
> Trügerisch sage ich, weil der Wind heulend pfiff und an der Uferbefestigung sich mächtige Wellen brachen, Wellen, hart wie Stahl, die zu weißem Schaum zerbarsten; Stille sage ich, weil die horchenden Sinne in den Pausen

Harmonie in Vollendung: Das Münster von Bad Doberan.

zwischen zwei Donnerschlägen in die Wellenschluchten abstürzten, in eine spannungsvolle Erwartung, und es einer Erlösung gleichkam, das Getöse einer in Schwere verwandelten Kraft zu vernehmen; aber am Abend, als ich zu einem Spaziergang aufbrach, hatte sich alles beruhigt, der Mond, ein Vollmond, schien, tief unten über dem offenen Meer.

Auf dem Deich ging ich in Richtung Nienhagen, der Nachbargemeinde, auf der einen Seite das tosende Wasser, lauter glitzernde Splitter, auf der anderen das stumme Moor und ich als einziges Lebewesen zwischen den Elementen; weil mir schon am Nachmittag die Zigaretten ausgegangen waren und weil Nienhagen, von einem sogenannten »Gespensterwald« vor den Westwinden geschützt, der Landkarte nach nicht sehr weit sein konnte – ich hatte die Entfernung mit einem entzweigebrochenen Streichholz maßstabgerecht gemessen, es erschien gut erreichbar; manchmal glaubte mein vom Wind geblendetes Auge das Aufblinken des Leuchtturms wahrzunehmen –, hatte ich beschlossen, meine Zigaretten dort zu kaufen und vor der Rückkehr noch einen schönen heißen Tee zu trinken; ich stellte mir Fischer um einen friedlichen Wirtshaustisch bei Kerzenlicht vor und sah mich, den Fremden, eintreten, sah die Gesichter, die sich nach mir umdrehten, und mein eigenes Gesicht.

Wir sprechen ein stilles Gebet. Mach, lieber Gott, daß sie erhalten bleibt: die landauf, landab längste Lindenallee, ein grüner Tunnel von betörendem Duft, der von Heiligendamm geradewegs nach Bad Doberan führt. Fleißige Zisterziensermönche krempelten dort zu Beginn des 12. Jahrhunderts im ehedem unwirtlichen Sumpfgebiet die Ärmel auf und legten mit Fischzucht, Landwirtschaft, Getreidemühlen und einer eigenen Seeflotte den Grundstein für ein prosperierendes Fleckchen Erde. Friedrich Franz I., Herzog von Mecklenburg, gab ihm gegen Ende des 18. Jahrhunderts die heitere Anmut einer Sommerresidenz. Das Prinzenpalais entstand, ein Moorheilbad, der Kurpark, Kamp genannt, und draußen, an den Klippen, die »Weiße Stadt am Meer«. Der Hoch- und Finanzadel kam. Später kam auch Mussolini. Dann wurde nicht mehr investiert. Jetzt annonciert das Immobilien-Büro »Boß & Partner« eine Doppelhaushälfte für 400 000 Mark in guter Lage auf dem Fuchsberg und ein Lüneburger Bauherr die Errichtung des »Markt-Karree mit Läden, Büros, Praxen und Wohnungen«. Im »Mecklenburger Hof« vis-à-vis gibt es derweil »Schweinerücken mit Klößen und Backpflaumen« sowie »Matjes norddeutsch auf Schwarzbrot«. Der Stammtisch bekakelt die Befindlichkeit der Bundesliga. Draußen biegt die Dampflok »Molli« schnaufend um die Straßenecke.

Die freundlichen Riedels nehmen uns auf. Sie sind im Fremdenverkehrsverein aktiv und vermieten eine Ferienwohnung, wie jedermann. Wir erörtern mit ihnen den Aufschwung und lesen in ihrem Gästebuch: »...until we meet again some day in Ottawa. 10. Okt. 1991, A. + E. Hauschild, Stittsville, Canada.« Und zwei Seiten weiter: »Nach genau 53 Jahren wieder in Bad Doberan! Zwölf Jahre lang als Gast in den Sommerferien bei Tante Frieda von Arnim in der Goethestraße 39. Jetzt als Eigentümer dieses Anwesens, nach ›irrtümlicher‹ Enteignung zu ›DDR‹-Zeiten. – Alles hat sich etwas verändert, aber es ist doch das liebenswerte Doberan geblieben!! Von Herzen Dank, daß ich hier vom Fuchsberg aus in lieber Gastfreundschaft auf Entdeckungs- und Verhandlungsreisen gehen und den verflossenen Spuren folgen durfte. 14./16. 6. 1992, Alexander Arnim.«

Goethestraße 39 also, Frieda von Arnim, der Herr hab sie selig, wer immer sie war in ihrer begabten Familie. Ein ehedem schmuckes Gründerzeithäuschen hinter der grünen Gartenpforte. Vergilbte Scheibengardinen, verwelktes Topfgrün. Kein Mensch weit und breit. Alexander, der hier so viele fröhliche Ferien verbracht und den Adelstitel abgelegt hat, ist augenscheinlich noch nicht eingezogen, aber wir drücken ihm die Daumen. Der Journalist und Erfolgsschriftsteller Ehm Welk (Die Heiden von Kumerow) hat nur wenige Häuser weiter gewohnt. Ein kleines Museum erinnert an ihn: das Arbeitszimmer mit der Bücherwand und dem Schreibtisch, ein Foto der Eheleute, die Vita des Autors (Hauptschriftleiter der »Grünen Post«, 1934 Verhaftung wegen eines zu offenen Wortes zur Lage der Nation, Schreibverbot), ein Kartengruß aus Bad Liebenstein, 1955 an Agatha Welk gesendet. »Sieh, nun ist es kalt geworden, doch mein Herz, es fliegt nach Norden.«

»Wo geiht dat nu tau, dat wi dat nu jeder in deijenig Sprak hüren daun, wo wi in grot worden sünd?« Also steht es geschrieben in der Apostelgeschichte 2,8 im *Ni Testament*. Pastor Ernst Voß übertrug das Evangelium für seine mecklenburgischen Landsleute ins Plattdeutsche. Im Münster zu Doberan, der dreischiffigen gotischen Basilika, erfahren wir davon, bevor wir vor Staunen stumm werden. Harmonie in Vollendung, wie es sie im gesamten norddeutschen Raum kaum ein zweites Mal geben mag. Ein kunstvoll geripptes Gewölbe und mächtige Bündelpfeiler aus hellrotem Backstein, garniert mit frischem Weiß. Säulen, bunt wie der Regenbogen. Altäre und Chorgestühl mit geschnitzten Blüten und Früchten. Grabkapellen voller Geheimnisse. Madonnen, die auf Mondsicheln ruhen und blaue Sternenmäntel tragen. Die Farben des Kreuzes: Gold und Silber. Die Doberaner sind stolz auf ihr Gotteshaus und verlangen seinen Besuchern Respekt ab, auch Eintrittsgeld. Ein weißer Schwan bewacht die Kirche. Sein Jubelschrei (»Dobr, Dobr«), mit dem er einst aus den Sümpfen aufstieg, soll für den Standort des Münsters ausschlaggebend gewesen sein und der Stadt ihren Namen gegeben haben.

Das Tor zur Welt

Die St. Nikolaikirche – auf einer alten Postkarte.

__________ Eine Hitzewelle hat die Bernsteinküste erreicht. Die Ostsee, sonst eher kühl, wärmt sich auf. Berliner und Hamburger sind gerade in beachtlicher Anzahl eingetroffen. Rostock empfängt uns im Stau. Die Doberaner Straße, der Schröderplatz, alles dicht. Eine Dunstglocke lastet auf der Stadt, Sinnbild, so will es scheinen, für verletzten Bürgerstolz und ramponiertes Prestige. Der Hochglanzlack der Hansemetropole, von dem Generationen von Kaufmannsfamilien gezehrt haben: längst ab. Das »Tor zur Welt«, verlogenes Versprechen der Deutschen Demokratischen Republik: bis auf weiteres ausgehebelt. Denn die Warnowwerft, ehedem größter Arbeitgeber der Region, hat mit dem Anschluß an die internationale Produktion Konkurrenz in Japan bekommen, und der Überseehafen, Kraftpaket des alten Regimes, nach dem Fall der Mauer an Bedeutung verloren. Die Karten werden neu gemischt. Der Joker ist der Tourismus. Vor allem Skandinavier könnten künftig auf ihrem Weg nach Süden die einstige DDR durchqueren. Badegäste in Travemünde werden, an einem wolkenverhangenen Tag, zu Schaufensterbummel und kultureller Erbauung nach Rostock fahren. Das wird sich lohnen, von Jahr zu Jahr mehr. Die Stadt verändert ihr Gesicht, schneller als manch einem lieb ist. Über die Kehrseite des Kapitalismus haben wir unsere Lektion gelernt, aber Nostalgie ist in den neuen Bundesländern auch kein Wort von besonderem Wohlklang.

Und Rostocks Zentrum putzt sich wie eine Katze nach dem Gewitter. 777 Jahre ist die Altstadt, trotz Belagerung, Bränden und Bombenhagel, soeben geworden, eine Schnapszahl, zu der die Bewohner ein besonderes Verhältnis haben. Sieben

Stadttore im wuchtigen Wehrwall öffneten sich einst für die An- und Abreisenden, sieben Straßen führten auf den Alten Markt, sieben Jahrhundertlinden standen im Rosengarten, mit sieben Türmen ist das Rathaus bestückt und mit sieben Glocken die Marienkirche. In der Kröpeliner Straße pulsiert, wie man so sagt, das Leben, die Geschäfte gehen ganz offensichtlich gut. Fast zur Hälfte ist Rostock im Zweiten Weltkrieg, der Heinkel-Flugzeugwerke wegen, zerstört worden. Es ist aber auch einiges stehengeblieben und längst liebevoll restauriert: ein Querschnitt durch die Architektur der Jahrhunderte, Abbild des Wandels. Hinter einer anmutigen Jugendstilfassade hat sich ein »Modemarkt mit Sonderangeboten« breitgemacht, in einem Renaissancepalast ein »Frischecenter«, im spätgotischen Spitalpfarrhaus mit filigranen Zinnen und Türmchen die Stadtbibliothek. Hier belegen wir unseren ersten Lehrgang über die Backsteingotik. Gleich auf der Straße fangen wir an. Der Buchhändler hilft uns.

»Schauen Sie sich nur mal den wundervollen Spitzbogengiebel an«, sagt er, »die zierlichen Fensterstreben, die aparten Rosetten, die buntglasierten Ziegelbänder. Das ist kein erdenschweres Monument, was Sie da sehen, eher ein zartes Tortendeckchen.« Wie recht er hat. Und er erklärt, daß die alten Baumeister, in Ermangelung von Naturstein, ihr Material selbst anfertigen mußten, ebenmäßige Lehmziegel buken und brannten und die unterschiedlichsten Rottöne hervorzauberten. Da sollten wir mal in Zukunft drauf achten, fährt er fort, wie ausgetüftelt die Farben der Steine, von ockergelb bis braunrot, miteinander kombiniert seien, wie einzelne Bauelemente, ein Bogen vielleicht oder eine Bordüre, durch eine grüne oder blaue Glasur besonders hervorgehoben würden und wie das Ganze dann mit Tupfern von nachgerade jungfräulichem Weiß seine Krönung erfahre. Wir sind beeindruckt.

Mit geschärftem Blick spazieren wir durch Rostock. Betrachten die pastelligen Patriziergebäude am Langen

Markt, das Ständehaus samt Oberlandesgericht im reinsten Historismus, das Rathaus mit seinen gotischen Türmen, dem barocken Vorbau und dem kafkaesk verschachtelten Innenleben, das Stadtarchiv, wo Vicke Schorlers *Wahrhaftige Abcontrafactur der Hochlöblichen und weitberühmten alten See- und Hensestadt Rostock* aufbewahrt wird und die Zeit stillsteht. Ende des 16. Jahrhunderts, rechtzeitig vor dem verheerenden Feuer, porträtierte der Krämer auf 127 Blättern Pergamentpapier die Bauwerke zwischen Warnow und Wall und fügte die kolorierten Federzeichnungen schließlich zu einer 19 Meter langen Bildrolle zusammen. Ein Werk von unschätzbarem dokumentarischem Wert. »Die Hauseigentümer stehen da aber nicht mit drauf«, sagt die Archivarin, an dumme Fragen gewöhnt, zum Besucher aus dem Westen und wendet sich wieder den verstaubten Akten zu, die das Büro vom Boden bis zur Decke füllen. Eine Treppe knarrt. Hinter blinden Fensterscheiben blüht der Holunder. Die schwere Holztür schließt sich.

Ricarda Huch, die Ende des 19. Jahrhunderts durch Deutschland reiste, verdanken wir eine jüngere Beschreibung des Historischen Zentrums von Rostock, einen unaufgeregten Essay zugleich über das Maß und die Zeit.

> Einst mag das Rathaus am Neuen Markt, den die Marienkirche beherrscht, zu harmonischem Akkord mit ihr zusammengestimmt haben; seit dem Jahre 1717 ist es durch einen ausdruckslosen Vorbau zugedeckt, aus dem nur sieben Türmchen als Verkünder untergegangener Herrlichkeit grotesk hervorstarren. Der Markt, den viele hübsche Giebelhäuser begrenzen, ist wie ein geräumiger Saal, ein würdiger Schauplatz städtischen Lebens, zugleich imposant und gemütlich. Um Sankt Nikolaus und Sankt Peter her ist es weniger repräsentativ als in der Mittelstadt, altertümlicher, verträumter. … Das Franziskanerkloster unweit der Peterskirche verwandelte die Reformation in

Das Rathaus: Barocker Vorbau vor gotischen Türmen.

> ein Waisenhaus; jetzt ist es eine Schule, und wenn man zufällig während einer Pause vorübergeht, sieht man leichtfüßige, zwitschernde Mädchen wie Vögel an der Hecke an den alten braunen Mauern hin und her huschen. Überall begegnet man Überbleibseln der Vergangenheit, die sich harmonisch mit dem Leben der neuen Zeit verbinden. Die Patrizier, die im Mittelalter Rostock beherrschten, waren augenscheinlich nicht gerade Patrone der Kunst, vielleicht war derbe Genußfreude stärker in ihnen entwickelt als die edlere Sinnlichkeit der Augenlust; aber wenn sie ihre Kirchen und Häuser nicht mit Kunstwerken ersten Ranges füllten, wenn sie sich im allgemeinen mit dem Zweckmäßigen, Festen, Wehrhaften begnügten, so haben sie dafür ihren Nachkommen ihren naturhaften, soliden Sinn vererbt, der sie vor einem den Geschmack allzu gröblich beleidigenden Stil bewahrte. … Rostock hat nicht die Maßlosigkeit und grandiose Verfallenheit Wismars, nicht die einheitliche Altertümlichkeit Stralsunds, es hat die jeweilige Gegenwart in sich aufgenommen und sich angepaßt.

»Krahnstövers Weinladen« liegt dort, wo Rostock weniger repräsentativ, eben altertümlicher ist. Das Kaufmannshaus von 1500 hat vorübergehend die Schotten dicht gemacht. Es wird wohl, wie andere auch, von Grund auf saniert werden müssen. Aber man weiß nicht so recht, wie die Zeichen stehen für die eigentliche Altstadt zwischen Molken- und Wollenweberstraße, Beginenberg und Fischbank. Die Bausubstanz des Viertels ist marode, der Verputz blättert, Gras sprießt aus den Mauerritzen. »Wiener Blut«, leicht verjazzt, dudelt aus einem geöffneten Fenster nahe der Petrikirche. Rolläden verdunkeln den »Internationalen Klub der Seefahrer«. Wer verirrt sich schon noch hierher außer ein paar unverbesserlichen Romantikern? Immerhin, die Nikolaikirche, wie viele Gotteshäuser im Sozialismus aus der Mode gekommen, ist im Juli 1994 wieder eingeweiht worden, als Gemeindezentrum mit Wohnraum. Zwei Dutzend Rostocker haben sich bereits gemütlich eingerichtet. Vom gotischen Hallendach hängen Geranien.

Unter dem Kreuzgewölbe der Marienkirche am Neuen Markt hielt Pastor »Jochen« Gauck im Winter 1989/ 90 vor Tausenden von Menschen seine Donnerstagspredigten und gab dem »Schattendasein der Anpassung« den Abschied. Mit Kerzen zogen sie dann in der Dunkelheit durch die Kröpeliner Straße bis zum Kröpeliner Tor und bis zur August-Bebel-Straße. Vor dem Hochhaus an den Wallanlagen machten sie Halt. Rhythmisches Klatschen, Pfiffe, Rufe: »Wir sind das Volk« und »Stasi raus«. Das Gebäude, tagsüber scharf bewacht und nachts mit Flutlicht angestrahlt, war diesmal wie ausgestorben. Die Rostocker Bezirksbehörde des Ministeriums für Staatssicherheit hatte ihren Schrecken verloren. Joachim Gauck obliegt seitdem die Aufarbeitung der DDR-Vergangenheit. In der Marienkirche wird gehämmert und geklopft. Kriegsschäden sind zu beheben, immer noch. Seit der Kindheit von Walter Kempowski.

Daß ich wie in der Jakobikirche gewesen war, fuchste mich. Nun war es zu spät, nun war sie kaputt …
Das sollte mir mit der Marienkirche nicht passieren. Morgen schon könnte sie im Eimer sein. Immer wieder sah ich mir das Monstrum an. Welcher der beiden Haupteingänge war im Mittelalter benutzt worden? Der linke oder der rechte? Warum waren sie jetzt verschlossen? Was bedeuten die Sandsteinwerkstücke im Mittelturm? War da eine Rosette gewesen, und: Würde man irgendwann einmal, später, in Friedenszeiten, den zwei- oder dreitürmigen Bauentwurf zu Ende bauen können?
Wach auf, wach auf, du deutsches Land …
Kölner Dom und Ulmer Münster waren ja auch fertiggebaut worden, warum sollte das in Rostock nicht möglich sein?

Ohne ihre Schwestern, die nun zerstörten Parochialkirchen, sehe sie eigentlich noch wuchtiger aus, sagte Dr. Krause. »Ein herrliches Zeugnis deutscher Backsteingotik.« Weit hinüberweisend in den Osten und kluges Pendant zu Wismar und Stralsund.
Vor der Katastrophe sei das gar nicht so aufgefallen, dies Beherrschende, Gewaltige, Klotzige. Verstellt von Buden und Katen. Er für seine Person habe nicht im mindesten darauf geachtet. Wer schaue schon mal auf, im Drang des grauen Alltags, in der Hitze des Gefechts.
»Ja«, sagte meine Mutter, »so breit und wuchtig. Über die Trümmer dahin.« Ein überraschender Anblick. Der Kapellenkranz des Ostchores wie Küchlein. »Wie eine Glucke mit ihren Küchlein.« Wäre die Katastrophe nicht gekommen, dann hätte man das nie zu sehen gekriegt. Alles habe geopfert werden müssen um dieses einen Bildes willen. Die ganze Altstadt ringsherum zerstört und nur die Kirche heil. Wie ein Symbol, wie eine Fügung …
Hinter jeden Altar kroch ich, in die Erbbegräbnisse und Lauben, Kunstschätze und heilige Geräte vermutend, wo doch nur Besen und Aufnehmer standen.
Die Astronomische Uhr mit Sonnenauf- und -untergängen bis ins Jahr 2047, Mondphasen, Tierkreiszeichen. Oben Judas, dem um 12 die Tür vor den Latz knallt, eine kleine Figur, dem hölzernen Kapellmeister an der Berg- und Talbahn nicht unähnlich.

Frau Kempowski hat, so viel steht mal fest, der Klosterkirche zum Heiligen Kreuz den Vorzug gegeben, die auch uns, alles in allem, am besten gefällt. Zisterzienserinnen waren hier zuhause, später alleinstehende Damen von vornehmer Herkunft. Eine stille Oase gleich hinter der Fußgängerzone ist zurückgeblieben, das sympathische kulturgeschichtliche Museum mit Notenblättern und Stadtansichten, ein Klosterhof, von Clematis überwuchert, Platz für schweifende Gedanken. Ob Walters Mutter den Wiederaufbau der Lange Straße, im Volksmund: Stalinallee, noch miterlebt hat? Wie würden sie ihr gefallen, die etwas überdimensioniert geratenen Geschäftshäuser mit der unverkennbaren Anleihe beim Art-Deco? Und die Rostocker Vorstädte im Plattenbaustil, wo zwei Drittel der Bevölkerung wohnen, was hätte sie, die Bürgersfrau mit Zimmerpalmen, Alabasterlampen und Konzertflügel, wohl dazu gesagt? Wir ahnen es und fahren über Lichtenhagen ans Meer. Versuchen vergeblich, zwischen den nicht enden wollenden Bettenburgen die Fetzen der Erinnerung an jenen August 1992 zu verscheuchen, als Rechtsradikale an der Güstrower Straße ein Asylbewerberheim in Brand setzten. Die Bilder gingen um die Welt. Warnung vor Deutschland. Alexander Osang, ein junger Journalist, war damals vor Ort.

> W. steht an der Wohnungstür und hört nicht auf zu reden. Von Politikern, die an der Situation schuld seien. Vom Mecklenburger, der nicht redet, sondern handelt. Von den Erlebnissen eines Großonkels in sowjetischer Gefangenschaft. Von Honecker, Kohl und dem Rostocker Bürgermeister, der hier gleich um die Ecke wohnen soll und dennoch nicht eingegriffen hat. Vom nächsten Treppenabsatz sehe ich noch mal hoch. Er steht mitten im Flur, halbnackt in seiner rippigen Unterhose und rezitiert ein längeres deutsches Sprichwort.
> Im Schutz des Hauses ducken sich die Ladas, Golfs, Dacias und Astras der Lichtenhäger Bürger. Vor dem Haus fliegen Pflastersteine. Später, wenn alles ruhig ist, wird Hans-Dieter W. noch mal runtergehen und nach dem Audi sehen.

Exkurs: Backsteingotik

Triumph über die Schwerkraft

Die „Wahrhafte Abcontrafactur der Hochlöblichen und weitberühmten alten See- und Hensestadt Rostock", dokumentiert Ende des 16. Jahrhundert von Vicke Schorler.

Waren die mittelalterlichen Menschen an der Ostsee besonders fromm? Brauchten sie drei, vier, fünf Gotteshäuser rund um den Marktplatz zum Sonntagsgebet? Konnten sie sich die riesigen Kirchen überhaupt leisten? Alle drei Fragen können getrost verneint werden. In Rostock zum Beispiel lebte ein Viertel der Bevölkerung von der Hand in den Mund. Aber Höker wie Handelsherren hielten viel von gediegenen Verhältnissen und nichts von religiösem Eifer. Sicher, man zankte sich. Es gab Aufstände. Die Armen wollten ihren Teil vom Kuchen; sie wollten auch einen Anteil am Regierungsgeschäft. In einem Punkt waren sich alle einig: Die mühsam erkämpften Bürgerrechte mußten gegenüber feudalen Machtgelüsten verteidigt werden. Weithin sichtbar demonstrierten die Kathedralen aus Backstein städtische Freiheit und bürgerlichen Stolz. Wie Ausrufezeichen. Wie ein Triumph auch über die Gesetze der Schwerkraft. Georg Piltz, Kunsthistoriker, erzählt.

Die Auflösung der Mauermasse hatte ihren Preis. Es war notwendig, die vier Eckpunkte des Gewölbefeldes so zu sichern, daß sie Druck und Schub standhielten. Besonders der zur Seite wirkende Schub gefährdete das Bauwerk. Wenn die Stützen nur um ein Geringes ausbogen oder einknickten, stürzte das Gewölbe zusammen. Die Meister begegneten dieser Gefahr, indem sie den Schub nach außen ableiteten. Sie führten Strebepfeiler an den Wänden der Seitenschiffe empor, ungefähr bis zur Höhe des Gewölbeansatzes im Mittelschiff, und schlugen frei schwebende Strebebögen über das Seitenschiffdach hinweg zu jenen Punkten der Mittelschiffswand, welche gestützt werden mußte – eine waghalsige Konstruktion, bei der das Versagen eines einzigen Gliedes zur Katastrophe führen konnte.

Das glückliche Gelingen der himmelstürmenden Baukunst vermag auch weitgereiste Architekturkritiker in Entzücken zu versetzen, Manfred Sack zum Beispiel von der »Zeit«.

Ob man sie zum ersten, ob zum zehnten Male sieht – sobald man davor steht und der Blick nach oben steigt, verschlägt es einem für Momente die Sprache, bis sie sich in Wörtern entlädt, die sich superlativisch plustern. Groß? Ach! Kraftvoll, mächtig und gewaltig, und riesenhaft, monumental, ja gigantisch. Gleich, ob man an die Leistung der meist unbekannten Bau- und Werkmeister der Gotik, an die Maurer und die Zimmerleute denkt und an das, was sie da aufgetürmt haben in den Städten, so stattlich, so kolossal, zugleich aber auch so feingliedrig und von so behäbiger Eleganz: Es hat Wucht. Selbst in die Sprache der Objektivität erstrebenden Kunsthistoriker schleichen sich derlei Vokabeln ein, wenn sie zu beschreiben versuchen, was sie gesehen und was sie bewegt hat, vor allem die Bürgerkirchen in den Städten, die vierschrötigen Türme, die stämmigen Stadttore. … Da sind die vier großen spätgotischen Basiliken: die Klosterkirche der Zisterzienser in Bad Doberan, die Marienkirche in Rostock, die Marienkirche in Stralsund und die erhabene Ruine der Georgenkirche in Wismar, alle im 14. Jahrhundert errichtet, die Längsschiffe mit Obergaden erhöht, alle vier mit imposanten dreischiffigen Querhäusern versehen, eine jede nach französischem Vorbild mit einem Kranz von meist fünf Kapellen rings um den Chor umgeben und so dem Ideal der Kathedrale nahe. Und eine jede hat ihre wunderbare Besonderheit:

das Doberaner Münster turmlos, das Dekor von liebenswerter Einfachheit, alle Kraft im riesig aufschießenden Haupt- und Querschiff versammelt; desgleichen die Wismarer Georgenkirche, nur daß die hohen schmalen Querhausgiebel mit elegant behüteten Treppentürmen eingefaßt sind; die Rostocker Marienkirche, die von allen das am weitesten ausgreifende Querhaus hat; die Stralsunder Marienkirche, die alle anderen aussticht – mit ihrem breiten, hohen, von vier sechseckigen Ecktürmen eingefaßten bastionsstarken Unterbau, auf dem sich der mächtige Turm erhebt, flankiert von zwei hohen, lichtdurchfluteten Seitenhallen, deren wortwörtlicher und ästhetischer Höhepunkt die filigran gezeichneten Sterngewölbe sind. Man steht darin, ganz klein, legt den Kopf in den Nacken und ergibt sich dem imposanten Bild – und läßt sich dann, hochgestimmt, in die hohe weite Kirche treiben.

Sommerfrische

Warnemünder Kontraste: Der alte Leuchtturm und moderne Ferienarchitektur.

__________ Börgerende, Nienhagen, das sind so kleine Punkte auf der Landkarte, die übersieht man fast. Hund und Katze mögen sich da gute Nacht sagen, Igel in der Abendstunde still nach Mäusen sehn. Die Wege: noch ungepflastert zuweilen. Der Wald: bis an die Küste gewachsen. Das Meer: blitzblank. Ein Platz für Ferien von sensationeller Ereignislosigkeit. So wird das gewesen sein. Mit Kind und Kegel, Sonnenschirm und Sandförmchen an den Strand. Mittags Kartoffelsalat aus dem Henkelmann. Mitgebrachter Blechkuchen gegen 16 Uhr in einem Ausflugslokal, in dem Familien Kaffee kochen können, und später dann, braungebrannt und bettschwer, in die Privatpension von Jennerjahns oder Krauses. Apropos Krause. Der ehemalige Verkehrsminister, der ein Comeback als Ostseestadtrat anstrebt, ist ja ein Börgerender. Ein Spaßbad mit allen Chichis schwebt ihm vor. Warum soll aus dem Ackerland kein Abenteuerspielplatz für Bauherren jeglicher Art werden? Soeben ist das Fundament für ein »Dorfzentrum mit Sauna und Supermarkt« gelegt, der Richtkranz auf die »Wohnanlage Nienhäger Wald« gehängt, das wird wohl was besseres als der alte moosbewachsene »Gespensterwald« im Naturschutzgebiet Stoltera. Aber wir wollen nicht meckern. Nichts bleibt, wie es war. Auch nicht in Warnemünde. Da schon gar nicht.

»So nach und nach«, hatten wir dem kostenlosen »City-Magazin Rostock live« bereits entnommen, »wächst in Warnemünde die Zahl der Hotelbetten als wichtige Voraussetzung für einen zunehmenden Gästestrom.« Das kann man wohl sagen. Strandweg und Promenade sind mit Pensionen reichlich gesegnet. Bistros und Boutiquen umgarnen den Gast.

Rostocks Vorposten an der Ostsee, 1323 von der Hansestadt kurzerhand einkassiert, will wieder zum Renommierbad werden. Die Voraussetzungen dafür sind günstig. Ein Meerwasserschwimmbad (mit Brandung) ist schon da. Ein Yacht- und Fährhafen dito. Matrosen aus aller Welt sind hier an Land gegangen. Mitte des 18. Jahrhunderts soll auch ein gewisser Kapitän Jungmann ausgestiegen sein. Ein hübsches Fräulein wird gewunken haben. Jungmann also, der alte Schlawiner, hängte den Seesack an den Nagel und wurde Gastwirt. Seeleute aus Rotterdam und Marseille, Hamburg und Shanghai gaben sich bei ihm fortan die Klinke in die Hand. So wird es jedenfalls erzählt, im engen Kneipchen »Zum Stromer«, Alexandrinenstraße 53, bei Aal und Doppelkorn.

Gleich um die Ecke, am Alten Strom, grüßt ein Leuchtturm nach Dänemark hinüber. Die Masten der Segelboote stehen vielhundertfach stramm. Fischer haben ihre Netze ausgespannt. An der Kaimauer liegen die Kutter. Hier reihen sich auch die behaglichen Häuser aneinander, die der Bäderarchitektur zum Vorbild dienten und schon Theodor Fontane einer Erwähnung wert waren.

> Warnemünde, seinem Renommeé nach eine Art Aschenputtel unter den Badeplätzen, ist gar nicht so übel. Es gibt einen Warnemünder Baustil. Er besteht darin, daß man an die Fronten der Häuser einen Glaskasten anklebt, der, unter den verschiedensten Namen auftauchend, als Balkon, Veranda, Pavillon, doch immer der alte Glaskasten bleibt, wovon das Sein oder Nichtsein aller Gäste und zuletzt auch ganz Warnemündes abhängt. Mit dem Glaskasten steht es oder fällt es. Diese gläsernen An- und Vorbaue geben dem Ort seinen Charakter und dem Badegast sein Behagen. Sie sind wirklich ein Schatz.

Weniger angetan war Fontane von der Qualität des Warnemünder Kaffees (»Der hatte immer einen Beigeschmack«)

sowie von den Badefrauen am Strande (»Vor denen erbangen selbst die Geister der Tiefe«). Da können wir ihm ausnahmsweise nicht zustimmen. Es gibt ja auch gar keine Badefrauen mehr.

Aber der Strand! Zwanzig Kilometer lang und blütenrein, wie überall an der Bernsteinküste. Kapital der Ostsee. Dem Binnenmeer von geringer Tiefe und schwachem Salzgehalt mangelt es allerdings an Sauerstoff. Ölrückstände und Industrieabfälle belasten das Wasser. Das Problem ist erkannt. Die Gesetze zur Verklappung wurden verschärft, Kläranlagen nachgebessert, Regenerationsprogramme eingeleitet, Forschungsaufträge erteilt. Auch das Warnemünder Institut für Meereskunde beobachtet den Genesungsprozeß des empfindlichen Patienten und schlägt bei jedem Rückfall Alarm. Als »sehr gut« bis »gut« hat das mecklenburg-vorpommersche Umweltministerium die regionale Badewasserqualität inzwischen eingestuft, Bodden und Flußmündungen ausgenommen. Ob dieses Prädikat für die Balance des Ökosystems Ostsee, für Flora und Fauna, schon ausreichend ist, steht auf einem anderen Blatt. Das Baltische Meer, 8000 Jahre alt, hat die Eiszeit jedenfalls hinter sich.

1941 schätzungsweise, mitten im Krieg, tummeln sich ein paar junge Leute aus Rostock am Strand von Warnemünde. Walter Kempowski, sein Bruder Robert, drei Schulfreunde, zwei hübsche Mädchen. Sie haben ein Grammophon und Schellackplatten dabei, hören Louis Armstrong und Nat Gonella, »entartete« Musik.

In Warnemünde, am Strand, trugen die Mädchen einen Zweiteiligen, die Jungs Dreiecksbadehosen; man sah die Grübchen auf dem Popo. Der Sand war heiß, das Wasser hatte 19 Grad. Bubi beklatschte die ohnedies Braunen mit einer Emulsion: NU – BRA – NU. Nußbraun im Nu. »Hier noch'n bißchen«, und tüchtig verreiben. Blonde

Härchen auf brauner Haut. Vielleicht eine kleine Massage? Nein, vielleicht später.
Der Liegekorb wurde zurechtgerückt, Marke Beutel 96, die Mädchen klebten sich Silberpapier auf die Nase und stiegen hinein. Bubi knüpfte nochmal eben Sylvias Hosenbändchen auf, das hatte sich vertüdert.
Auf ihrem braunen Nabel eine weiße Muschel.
Und Heini gab der schwarzen Sybille eine angerauchte Zigarette.
Wer Strandkörbe mit Ölen und Fetten beschmutzt, wird für den hierdurch entstehenden Schaden haftbar gemacht.
Während die Mädchen im Strandkorb schmorten, machten die Jungs Musik auf zwei Grammophonen: lief eines, wurde für das andere eine Platte herausgesucht.
Mister Paganini, please play my rapsody …
»Immer dieser Nigger-Jazz«, sagten die Leute in der Nachbarschaft. Dafür würde man ihnen die Burg schleifen, abends, wenn sie eben nach oben gegangen waren.
… and if you sing it, you simply have to swing it …
… Heini zog einen nassen BH an und drapierte sich mit einem roten Tuch. »Got that rhythm, boys!«
In der Friseurtasche fand sich ein Glas mit Pudding, das im Strandkorb gemeinsam ausgelöffelt wurde. Und als es leer war, hatte Robert noch Brote »in petto«.
»Robbi«, wie sie ihn nannten.
Zatzig, epochal.

»Vergessen Sie mir Graal-Müritz nicht«, hatte Rudolf Presber einmal gesagt, »das ist vielleicht nicht so pompös wie Warnemünde; der Wald aber, ja sehen Sie, das ist das Famose.« Ein knappes Stündchen mit dem Dampfer oder dem Postbus hat es seinerzeit, in den zwanziger Jahren, gebraucht, um den Travemünder Trubel mit der Stille von Graal-Müritz zu vertauschen. Der Postbus verkehrt nicht mehr. Ansonsten hat sich wenig verändert. Der Saum des Waldes, fast bis an die Hochdünen schleppend, schützt noch immer vor Brechern und Sturm; er schützt, toi, toi, toi, auch vor Baulöwen. Es ist ja nicht mal Platz für eine Promenade, nur für einen schmalen Weg durch den Strandhafer. Zwei Urlauber begegnen und grüßen sich dort. Fünf stolze Schwäne drehen unten im Meer ihre Runden. Am Horizont bewegt sich ein Ozeanriese im Zeitlupentempo. Im »Café Seeblick« gibt es Bienenstich und freundliche Worte von der Bedienung. Das ist alles. Wir danken Herrn Presber von Herzen.

Rudolf Presber ist ein Unterhaltungsschriftsteller aus Berlin gewesen, nicht mehr und nicht weniger. Die Nazis mochten ihn nicht. 1935 hat er sein Ferienhaus in Graal-Müritz verkauft. Wir wissen nicht, was aus ihm wurde. Seine Sommerliebe, das kleine Urlaubsparadies, jedenfalls lernen wir kennen.

> Die Straße von Graal nach Müritz ist fast so lang wie die Friedrichstraße in Berlin, aber nur auf einer Seite mit Häusern bebaut, und man kann in Berlin auch keine Tische und Stühle gegenüber in den Wald stellen. Und auf der einseitig bebauten Straße von Müritz und Graal promenieren hübsche Backfischchen in weißen Schuhen und ohne Hüte zum Wald, zum Strand; in der Friedrichstraße ist der weibliche Betrieb zwischen Belle-Alliance-Platz und der Passage reichlicher geschminkt, aber nicht ganz so harmlos. Das ist der Unterschied zwischen Berlin und Müritz. In Heringsdorf gibt es elegantere Damen. In Zoppot wird mehr gejeut und besser polnisch gesprochen. In Heiligendamm kann man den Adelstag abhalten (was in Graal recht schwierig wäre). Aber ich bin der ketzerischen Ansicht, daß Pferderennen und Tennisturniere nicht unbedingt zur Erholung an der See gehören.
> Nichts Schöneres weiß ich, als einen Abendgang von Müritz nach Graal, wenn der Mond, der alte Zauberer …

Es gibt Leute, zum Glück, die sammeln alte Sachen, Briefe zum Beispiel und Ansichtskarten, Zeitungsausschnitte oder Aktenvermerke, Strandgut und Treibsand. Winfried Pachnicke ist so jemand. Er hat den Herzschlag von Graal-Müritz gemessen, ist Winkelwege nach Gestern gegangen, schon lang vor der Wende. In seiner »Heimatstube« lesen wir die ungedruckten Zeilen des Doktor Presber, begegnen Robert Musil, der im Jahre 1906 seine Frau Martha im »Waldhotel« kennengelernt hat, und Lyonel Feininger, der zur gleichen Zeit von New York nach Graal-Müritz gereist ist. Wir treffen noch andere liebe Bekannte. Hans Fallada, Erich Kästner, Franz Kafka. Sie alle sind in dem vergleichsweise bescheidenen Badeort zur Sommerfrische gewesen, haben Muscheln am Strand gesucht, Brombeeren von den Hecken gepflückt, Enten gefüttert, Schmetterlinge gehascht, lauter harmlose, vergessene Ferienvergnügen. Manche haben sich auch verliebt.

Es war im Juli 1923. Franz Kafka, 40 Jahre alt, will an der See sein Lungenleiden auszukurieren. Dora Diamant, 19jährig und aus guter Familie, betreut in einer Ferienkolonie des Jüdischen Volkshauses lufthungrige Berliner Kinder. Während eines Theaterspiels der Kinderkolonie lernen sich die beiden kennen. Kafka schreibt an seinen Jugendfreund Hugo Bergmann:

> Um meine Transportabilität zu überprüfen, habe ich mich nach vielen Jahren der Bettlägerigkeit und der Kopfschmerzen zu einer kleinen Reise an die Ostsee erhoben. Das Meer ist wahrhaftig in den 10 Jahren, seitdem ich es nicht mehr gesehen habe, schöner, mannigfaltiger, lebendiger, jünger geworden. Aber mehr Freude macht mir noch eine Ferienkolonie des Berliner Jüdischen Volksheims, gesunde, fröhliche Kinder, an denen ich mich wärme.

Einst Kafkas letztes Liebesnest – heute Nici's Top-Shop.

Die Spuren verlaufen im Sande: Hat Dora Diamant hier jüdische Kinder betreut?

Von Dora schreibt er nichts. Sie wird seine letzte Liebe und folgt ihm nach Prag und nach Wien. Ein Jahr später ist Kafka tot.

Die Spuren verlaufen sich im Sand. Viele Manuskripte des Dichters, die Dora Diamant nach seinem Tode in ihrer Berliner Wohnung aufbewahrte, beschlagnahmte später die Gestapo bei einer Hausdurchsuchung. Sie gelten als verschollen. Keine Notiz mehr über Graal-Müritz. Aber Am Strande 12 steht noch das Haus, in dem Kafka, der bei der Prager »Arbeiter-Unfall-Versicherungs-Anstalt« als Jurist beschäftigte Träumer, ein paar glückliche Wochen verbracht hat. »Nici's Top-Shop« ist heute dort anzutreffen. Nici verkauft Grillkohle und Sonnenöl an die Touristen und sonntags morgens frische Brötchen. Sie führt auch »verstärkt Ware aus den neuen Bundesländern«. Es ist nicht weit bis zum Wald. An der »Villa Luise« biegt die Straße nach links. Irgendwo zwischen Kiefern und Birken liegt das »Ostsee-Schullandheim Fritz Reuter« versteckt. Badehosen und Bikinis hängen zum Trocknen auf der Leine. Die Kinder halten Mittagsruhe. Am Schwarzen Brett stellt ein »grünes Klassenzimmer« das Einmaleins des Umweltschutzes vor. Ein Wasserball schrumpft in der Sonne. Ein Seestern vertrocknet im Gras. Das Kinderheim, wie die Straßen je nach politischer Großwetterlage immer mal wieder umbenannt, soll das älteste der Gegend sein. Mehr wissen wir nicht.

Aus den Augen verloren, wo Hans Fallada gewohnt hat. Damals, um die Jahrhundertwende, wenn es mit Eltern und Geschwistern nach Graal-Müritz in die Sommerferien ging. Billig mußte es sein, das war klar, denn wenn auch der Vater als Kammergerichtsrat in Berlin nicht schlecht verdient haben wird, so hatte er doch fünf Mäuler zu stopfen, und Sparsamkeit galt generell als Tugend. Hotels und Pensionen entfielen, schon weil man Diät hielt. Auf diese Weise entdeckte die Familie jedoch Biotope, in die kaum ein Berliner je seinen Fuß gesetzt hatte, und Seebäder, in denen es weder

Strandkorb noch Kurtaxe gab. Die Reisevorbereitungen begannen zeitig und waren gründlich. Landkarten und Meßtischblätter wurden auf dem Wohnzimmertisch ausgebreitet, damit die Kinder sich jeden Feldweg und jede Schonung zwischen Gelbensande und Graal einprägen konnten. Auch Ansichtskarten kaufte der Herr Kammergerichtsrat vorab in einem bestens sortierten Berliner Spezialgeschäft. »Schöne Grüße aus Müritz«, Meerbusen mit Sonnenuntergang, im Dutzend für fünfzig Pfennige. Vor Ort würde es das Doppelte kosten. So ging es los.

Und dann stehe ich wieder oben auf der Düne und wie jedes Jahr, wenn wir an der See sind, überfällt mich das altvertraute, und doch immer wieder bestürzende Gefühl der ungeheuren Weite, die sich mir auftut. Zuerst sehe und fühle ich nichts anderes als dies, wie groß das ist, wie es immer weiter geht, auch dort, wo Horizont und Wasser ineinander verlaufen. Mein kleines Jungenherz pocht aufgeregt: hier stehe ich ja und ich sehe dies. Es ist auch für mich da, und ich gehöre dazu, fühle ich, ohne mich wäre es nicht so da, wie es jetzt ist. Es ist ein Ewigkeitsgefühl, ein Unvergänglichkeitsahnen, das mich überkommen hat. Ich könnte es nicht mit Worten beschreiben, aber ich fühle es. …
Und nun kommt Vater. Er nimmt mich bei der Hand und führt mich hinunter zu meinen drei Geschwistern, die längst vorausgelaufen sind, und während des Gehens sagt er leise zu mir: »Ist das schön, Hans?«
»Es ist so groß, Vater«, antworte ich. …
Eine Stunde später liege ich im Bett. Ede schläft schon, er war so früh aufgestanden und so spät ins Bett gekommen wie noch nie. Auch ich hatte gedacht, todmüde zu sein, aber nun ich im Bett liege, kann ich nicht einschlafen. Immerzu lausche ich auf die ungewohnten Geräusche. Das Fenster steht weit offen, und ich höre das leise

> Bewegen von Zweigen im kleinen bäuerlichen Blumengarten. Ich höre das Rasseln einer Kette im Kuhstall und ein paar Höfe weiterhin das Bellen eines Hundes. Ich bin so glücklich, daß ich gar nicht einschlafen möchte. Ich möchte immer so wach liegen, es ist schade darum, solch Glück zu verschlafen.
> Aber dann rechne ich mir aus, daß noch neununddreißig solche Ferientage voller Glück vor mir liegen, den Abreisetag nicht gerechnet, und wenn ich fünfzehn Stunden an jedem Tag wach bin, so macht das fünfhundertfünfundachtzig Stunden Glück, ohne Schule und andere Sorgen. Das scheint mir eine so ungeheure Zahl, besonders wenn ich daran denke, wie lang eine Lateinstunde ist, daß die Ferienstunden eigentlich nie alle werden können. Abreise und Schulbeginn sind so fern wie der Mond, dessen Strahlen wie ein sanfter heller Schnee vor meinem Fenster leuchten.

An der gleichen Stelle wie Hans Fallada hat später Erich Kästner zum Horizont geschaut.

> Eine Stunde später stand ich, vom Strandhafer zerkratzt, zwischen den Dünen und sah aufs Meer hinaus. Auf diesen atemberaubend grenzlosen Spiegel aus Flaschengrün und Mancherleiblau und Silberglanz. Die Augen erschraken, doch es war ein heiliger Schrecken, und Tränen trübten den ersten Blick ins Unendliche, das selber keine Augen hat. Das Meer war groß und blind, unheimlich und voller Geheimnisse. Gekenterte Schiffe lagen auf seinem Grund, und tote Matrosen mit Algen im Haar. Auch die versunkene Stadt Vineta lag drunten, durch deren Straßen Nixen schwammen und in die Hutläden und Schuhgeschäfte starrten, obwohl sie keine Hüte brauchten, und Schuhe schon gar nicht. Fern am Horizont tauchte eine Rauchfahne auf, dann ein Schornstein und

nun erst das Schiff, denn die Erde war ja rund, sogar das Wasser. Monoton und naß, mit weißen Spitzenborten gesäumt, klatschten die Wellen gegen den Strand. Schillernde Quallen spuckten sie aus, die im Sande zu blassem Aspik wurden. Raunende Muscheln brachten sie mit und goldgelben Bernstein, worin, wie in gläsernen Särgen, zehntausendjahrealte Fliegen und Mücken lagen, winzige Zeugen der Urzeit.

Tief und energisch hatte Kästners Tante Lisa 1914 in den Geldbeutel gegriffen und Erich samt Mutter eine Reise an die Ostsee spendiert. Es war sein erster großer Ausflug in die Welt. Statt seines Rucksacks schleppte er zwei schwere Koffer zum Anhalter Bahnhof in Berlin. Ein Fuhrmann übernahm das Gepäck in Graal-Müritz; abends würde er es beim Fischer Hoff abliefern. Da hatten die Kästners Kost und Logis. Den Fischer Hoff gibt es nicht mehr. Wo sein Haus gestanden haben könnte, in der ehemaligen Karl-Liebknecht-Straße, entsteht soeben ein nettes Eigenheim. Zimmerleute ziehen den Fußboden ein, Fliesenleger kacheln die Küche, Elektriker verlegen den Starkstrom für die Geschirrspülmaschine. Bald wird alles fertig sein. Fischer Hoff? Nie gehört. Erich Kästner? Ach, der mit dem fliegenden Klassenzimmer, der war mal hier? Vor langer Zeit.

Am schönsten war die Welt am Meer in sternklaren Nächten. Über unseren Köpfen funkelten und zwinkerten viel mehr Sterne als daheim, und sie leuchteten königlicher. Der Mondschein lag wie ein Silberteppich auf dem Wasser. Die Wellen schlugen am Strand ihren ewigen Takt. Von Gjedser zuckte das Blinkfeuer herüber. Es war ein Gruß aus Dänemark, das ich noch nicht kannte. Wir saßen auf der Mole. Uns war so vieles unbekannt, und wir schwiegen. Plötzlich erscholl Operettenmusik in der Ferne und kam näher. Ein Küstendampfer kehrte, mit Lampions geschmückt, von einer der beliebten preiswerten »Mondscheinfahrten in See« zurück. Er legte schaukelnd am Molenkopf an. Ein paar Dutzend Feriengäste stiegen aus. Lachend und lärmend trabten sie an unserer Bank vorüber. Kurz darauf versank das Gelächter hinter den Dünen, und wir waren wieder mit der See, dem Mond und den Sternen allein.

Dann war finito.

Am 1. August 1914, mitten im Ferienglück, befahl der deutsche Kaiser die Mobilmachung. Der Tod setzte den Helm auf. Der Krieg griff zur Fackel. Die apokalyptischen Reiter holten ihre Pferde aus dem Stall. Und das Schicksal trat mit dem Stiefel in den Ameisenhaufen Europa. Jetzt gab es keine Mondscheinfahrten mehr, und niemand blieb in seinem Strandkorb sitzen. Alle packten die Koffer. Alle wollten nach Hause. Es gab kein Halten.

Exkurs: Badeleben

Von Strandkörben und Sandburgen

Strandidylle.

__________ Georg Christoph Lichtenberg, scharfsinniger Schriftsteller und honoriger Physikprofessor aus Göttingen, ist gerne Baden gegangen. Er liebte das Meer und pries seine heilende Wirkung. Da waren die Seebäder noch gar nicht en vogue und die Sitten ziemlich zimperlich.

> Man besteigt ein zweirädriges Fuhrwerk, einen Karren, der ein von Brettern zusammengeschlagenes Häuschen trägt, das zu beiden Seiten mit Bänken versehen ist. Dieses Häuschen, das einem sehr geräumigen Schäferkarren nicht unähnlich sieht, hat zwei Türen, eine gegen das Pferd und den davor sitzenden Fuhrmann zu, die andere nach hinten. An der hinteren Seite ist eine Art von Zelt befestigt, das wie ein Reifrock aufgezogen und herabgelassen werden kann. Wenn also der ausgekleidete Badegast alsdann die hintere Tür öffnet, so findet er ein sehr schönes, dichtes leinenes Zelt, dessen Boden die See ist, in welche die Treppe führt. Man faßt mit beiden Händen das Seil und steigt hinab.

Nicht nur Männer stiegen hinab.

> Da das schöne Geschlecht am Anfang, wie ich gehört habe, auch hier gegen das Unversuchte einige Schüchternheit zeigen soll, so finden sich an diesen Orten vortreffliche Kupplerinnen, junge Bürgerweiber, die sich damit abgeben, die Damen aus- und ankleiden zu helfen, auch eine Art von losem Anzug zu vermieten, der, obgleich er schwimmt, doch beim Baden das Sicherheitsge-

fühl der Bekleidung gibt, das der Unschuld selbst im Weltmeere so wie in der dicksten Finsternis immer heilig ist.

Im Sommer 1887 fertigte der Hof-Korbmacher Wilhelm Bartelmann aus Rostock für die rheumakranke Elfriede Maltzahn aus Kühlungsborn den ersten Strandkorb an. Schon ein Jahr später inserierte er im »Allgemeinen Rostocker Anzeiger«: »Badegästen empfiehlt Strandstühle als Schutz gegen Sonne und Wind und giebt solche auch in Miethe W. Bartelmann.« Seine Erfindung machte Furore. Anfänglich eher spartanisch ausgestattet, mauserte sie sich alsbald mit Polstern und Markisen, Klapptisch und Fußbank zum kommoden Möbel. Nicht wegzudenken von deutschen Gestaden! 50 000 Exemplare sollen an Nord- und Ostsee stehen. Aber längst hat der Strandkorb die Wintergärten und Terrassen zwischen Oberammergau und Kleinmachnow erobert, und längst ist er, natürlich, zum Exportschlager geworden. Aus Naturrohr und Markisenstoff wird er nur noch selten hergestellt. Plastik ist praktischer, billiger auch.

Hat jemand je die Strandburgen gezählt, ihren Formenreichtum gewürdigt, ihre gesellschaftliche Bedeutung analysiert? Ist untersucht, warum der (deutsche) Mensch am Strande sich gerne im Schweiße seines Angesichts ein Eigenheim aus Sand baut, anstatt untätig in der Sonne zu flazen? Alles schon geschehen. Entziffert und katalogisiert, bevor es zu spät ist: der Muschelschmuck auf dem Schutzwall, die Liebesgrüße an Borussia, das Fähnchen im Wind. *Die Strandburg. Ein versandetes Freizeitvergnügen*, heißt ein lehrreiches und vergnügliches Büchlein aus dem Jonas Verlag, und ihm ist zu entnehmen, daß Umweltschützer das Graben im Sandstrand verurteilen und moderne Urlauber sowieso lieber surfen als buddeln. Nur die Werbewirtschaft bedient sich noch der Strandburg

(»Damit Ihr Haus nicht auf Sand gebaut ist«), dabei hatte es so kinderglücklich angefangen. Hans Fallada erinnert daran.

> Tiefer als bis zum Bauchnabel durften wir nie ins Wasser. Uns wurde immer wieder eingeredet, daß auch am ruhigsten Sommertage plötzlich eine große Welle daherkommen könne. Auch sei der Meeresboden gewissermaßen siebartig von tiefen Löchern durchsetzt, in denen ein Kind ohne Laut verschwinden könne!
> So war die ganze Baderei eigentlich mehr Pflicht als Vergnügen, und wir waren immer froh, wenn wir wieder in unsern Kleidern steckten und der heimischen Burg zustrebten, stets voller Spannung, ob nicht ein Unbefugter unterdes Besitz von ihr ergriffen hätte. So wenig besucht damals Graal auch noch war, der Kampf um die schönste Burg stand doch schon in voller Blüte, und wir wollten nicht umsonst in tagelangen Bemühungen einen Wall und Graben angelegt haben, die auch der stärksten Sturmflut zu trotzen schienen!

Zum Badeleben an der Ostsee haben nicht nur die Strandkörbe und die vergänglichen Burgen aus Sand gehört, sondern selbstverständlich auch die Quallen. Alfred Kerr:

> Wie schön, wenn jemand möglichst weit an Mecklenburgs Meer entlanggeht, weit weg von bewohnten Siedlungen – und dort ins Wasser schreitet.
> Die Gewandung hat man zuvor abgeworfen, so daß beim Gehn der Körper die Salzluft atmet – mit allen Poren. …
> Man sitzt in der Flut wie in einer Badewanne. Doch, da kommt was an. Wunderbare Schale von Kristall mit veilchenfarbenem Inhalt.
> Ist ein Schiff untergegangen, ein nobles Schiff – und die Geräte, worin man sich nach Tisch die Finger abspült,

um dann den einen etwas feucht an die Lippen zu führen, sind davongeschwommen? Ach nein: eine Qualle. Sechzig Quallen, hundert, anderthalbhundert kommen fast in einer Reihe an, vom aufsteigenden Wind gelenkt. Noch nicht in dem trüben Zustand, wie sie manchmal halb zerfetzt am Ufer liegen, vom Gestein zerrissen, von Kieseln zerbeult, gevierteilt. Nein, in ursprünglicher Herrlichkeit, im hohen Glanze des Meerdaseins.
Soviel man packen kann, wirft man wieder zurück in die Flut, oder man trägt sie hinein an tiefe Stellen – damit sie nicht, an den Strand geworfen, verdursten, verkümmern, ersticken … Mit etlichen macht man sogenannte Intelligenzversuche; setzt sie ins Wasser an eine klare Stelle, läßt sie schwimmen, stellt ihrer Schwimmrichtung dann eine Hand entgegen. Weicht sie aus, die Qualle, so ist sie intelligent. Schwimmt sie auf die Hand los bis zur Berührung, so ist sie doof …
Und jetzt, wo man ein gutes Werk vollbracht hat, aalt man sich – im Wasser, auf dem Rücken schwimmend. Weiter hinaus; manchmal wirft man sich auf die Brust und äugt, ob noch kein Meergeschöpf kam. Es kommt keins … Zwischendurch schwimmt und kriecht man ans Gestade, geht in den Wald, guckt Krähen nach (Möwen gibt es hier nicht viel) und überläßt es dem Wind, dem himmlischen Kind, den triefenden Leib zu trocknen.
Nachher geht man wieder hinein ins Wasser. Man wünscht, alles dies möchte kein Ende nehmen.

Und sie haben die Gewandung abgeworfen. Die erste friedliche Revolution der Ostdeutschen galt 1951 dem Recht auf Freikörperkultur, ist fünf Jahre nach der Wende dem »Spiegel« zu entnehmen. Bisher unbekannte Akten aus dem DDR-Innenministerium, »Abteilung Erlaubniswesen«, stützen die These. Auf dem Fischland und dem Darß, den schmalen Halbinseln vor Stralsund, soll es angefangen haben und alsbald zum beliebtesten Sommersport an der Ostsee geworden sein: Massenhaft entledigten sich vornehmlich junge Leute bei sogenannten »Kameruner Festen« der Badehosen, bemalten die Körper mit afrikanischen Zeichen, tanzten am Strand um Totempfähle – und erwarteten den Auftritt der Volkspolizei. Dann stürzten sie sich in die Fluten. Ziviler Ungehorsam der vergnüglichen Art. Innenminister Willi Stoph verbot 1952 das Nacktbaden, der Deutsche Sportausschuß witterte »imperialistische Dekadenz«. Ein Potsdamer Funktionär argwöhnte: »Wahrscheinlich werden diese Menschen dem Klassenfeind in die Arme getrieben.« Die Nudisten scherte das nicht. Sie feierten weiter.

Immerhin hatten sie prominente Fürsprecher: Schauspieler, Professoren, Schriftsteller. Sogar leitende Offiziere der Volkspolizei und »Genossen unserer Partei« machten die verbitterten Ermittlungsbeamten unter den Anhängern textilfreier Badefreuden aus. Die Parteiführung tobte. »Die Kameruner Feste stellen in höchstem Maße eine Schmähung der Sitten und Gebräuche der Negervölker dar«, sagte 1954 der damalige Polizeichef Karl Maron, dessen Stieftocher Monika ebenfalls in Prerow auf dem Darß Urlaub machte, genau wie Manfred Krug, besser bekannt als Liebling Kreuzberg. Und: Der »Erholungsaufenthalt der Werktätigen« werde »auf das gröbste« beeinträchtigt. Aber so viele Werktätige gab es in den Hochburgen der Hüllenlosigkeit gar nicht. In Ahrenshoop zum Beispiel, dem »Bad der Kulturschaffenden«, vertraute Johannes R. Becher, glückloser Dichter und umstrittener Kulturminister, 1950 seinem Tagebuch an: »Ahrenshoop ist nicht mehr. Ich komme nicht wieder (nie – wieder?). Unerträglich diese Zusammenballung von Intelligenz, die einem sowieso das ganze Jahr über mehr als nahe ist. Auch noch ›nackte Tuchfühlung‹ am Strand beim Baden? Mir genügts.« Aber es hat nichts geholfen. In Ahrenshoop und Prerow wurden die ersten FKK-Badestrände der DDR zugelassen.

Auf dem Fischland

Hans Brass, Plakat für die „Bunte Stube", ca. 1925.

__________ Wenn die Kraniche ziehen, von Rußland nach Spanien, dann machen sie in Vorpommern Station. Wie eine schmale Landzunge schiebt sich die Inselkette Fischland, Darß, Zingst ins Meer, ein amphibisches Gebilde aus Bodden und Buchten, Salzwiese und Spülsaum, Röhricht und Moor. Hier wohnen die Kampfläufer und Säbelschnäbler, Rohrsänger und Regenpfeifer. Barsch und Zander tummeln sich im Brackwasser, Falter und Feldhummel taumeln durchs Schillergras. In den flachen Binnenseen des naturgeschützten Nordostens der Halbinsel übernachten Heerscharen von Graugänsen und Krickenten. Im Herbst des Wendejahres schöpften 25 000 nord- und osteuropäische Kraniche im Werderwatt vor Pramort neue Kraft für ihren Nonstopflug in den Süden. Vogelwärter des 6000 Hektar umfassenden »Nationalpark Vorpommersche Boddenlandschaft« haben sie vor der Abreise geschätzt. Und weil die Zähltermine weltweit festgelegt sind, wurde ihre Ankunft am Urlaubsziel auch schon erwartet.

Andere Zugvögel sind einst aus der Großstadt ins Fischland gekommen, naturverliebte Maler, lufthungrige Stubenhocker, Schauspieler, Schriftsteller. Um die Jahrhundertwende, mit Beginn der industriellen Revolution, entdeckten sie den Reiz der Weltabgeschiedenheit. Das Licht des Nordens zog sie an, die Weite des Himmels, das Spiel der Wolken, das einfache Leben. Wie überall in Europa und Deutschland entstanden auch an der Ostsee sogenannte Künstlerkolonien. Die Maler hatten den Akademien mit ihrer klassizistischen Steifheit und den Historienschinken den Rücken gekehrt. Im Freien wollten sie bei Wind und Wetter arbeiten, das Spiel der flinken Schatten fixieren, den Wechsel vom Winter zum Frühling auf Skizzenblock und Leinwand festhalten. Und natürlich: Sie wollten Gedanken austauschen über Gott und die Welt, die Kunst und die Liebe. In kleinen gottverlassenen Dörfern richteten sie sich zum Erstaunen der eingeborenen Bevölkerung häuslich ein, manche einen Sommer lang, andere auf Dauer. Pont-Aven in der Bretagne war so ein Treffpunkt, Skagen im nördlichsten Dänemark, Worpswede bei Bremen. Und auf dem Fischland: Ahrenshoop.

Der erste Freilichtmaler, der am Hohen Ufer von »Powerdörp« (Armendorf) seine Staffelei aufstellte, in der Dorfstraße ein Haus baute und bald eine professionelle Malschule einrichtete, war Paul Müller-Kaempf. Junge Künstler, auch Künstlerinnen, folgten, mieteten oder kauften sich in halbverfallene Fischerkaten ein und suchten sich ihre Motive: Schafe in den Dünen, Kühe auf der Weide, Mond überm Bodden, Mühlen im Schnee. Später schauten auch Alexej Jawlensky, Erich Heckel und Werner Gilles mal vorbei. Alsdann kamen die schwatzhaften Lehrer, die den Geheimtip Ahrenshoop nicht für sich behalten konnten und an die übrige Welt verrieten, weshalb die Maler wieder die Sachen packten, wie das so geht. Einer blieb für immer. Fritz Koch-Gotha, Absolvent der Leipziger Kunstakademie und bis 1933 einer der bissigsten Pressezeichner von Berlin, entfloh dem Berufsverbot und dem Bombenhagel in sein Sommerhaus im Ortsteil Althagen. Hier lebte er mit seiner Frau, der ausdrucksstarken Malerin Dora Koch-Stetter, bis zu seinem Tode. Hier illustrierte er Bücher. Mindestens eines ist unvergessen: *Die Häschenschule*.

Am 9. Mai 1955 veröffentlichte die Ostsee-Zeitung die Erinnerungen einer Ribnitzerin, die zwanzig Jahre zuvor ihre Schwester in Princeton/ New Jersey besucht hatte und dort eines Abends zu einem Dinner bei Professor Einstein gebeten wurde; der Nobelpreisträger hatte Nazi-Deutschland 1933 verlassen. Natürlich kam man ins Gespräch. Ribnitz-

Damgarten, habe Albert Einstein gesagt, daran knüpfe er sehr liebe Erinnerungen. Ahrenshoop, sei er fortgefahren, das habe ihn mit seiner herben Schönheit ein ums andere Mal entzückt. Im »Alten Zollhaus« an der Dorfstraße 6 hat er im Sommer 1918 bei Frieda Niemann, geb. Konow, gewohnt und an seinen Freund, den Physiker Max Born geschrieben: »Hier ist es wundervoll, kein Telephon, keine Verpflichtung, absolute Ruhe. Ich kann es gar nicht mehr begreifen, wie man es in der großen Stadt aushält. Ich liege am Gestade wie ein Krokodil, lasse mich von der Sonne braten, sehe nie eine Zeitung und pfeife auf die sogenannte Welt.« Einstein kam wieder, er liebte die großen Modebäder nicht. Das Haus von Frieda Niemann steht noch.

Johannes Trojan, Chefredakteur des satrischen »Kladderadatsch« und selbst häufiger Sommergast in Ahrenshoop, verdanken wir ein paar spöttische Zeilen über die Anfangsjahre der Künstlerkolonie an der mecklenburg-pommerschen Grenze.

> Auf den Dünen wuchs ein malerisches Durcheinander von wilden Rosen und Holunder, und im Walde gab es knorrige, halbverdorrte Eichen, wie sie der Forstmann nicht gern sieht, der Künstler aber sehr hoch schätzt. Dann waren im Dorf selbst bezaubernde verfallene Häuschen mit moosbewachsenen Strohdächern zu finden, auf die niemand eine Hypothek gegeben hätte, die aber im höchsten Grade dazu geeignet waren, wie sie dastanden, auf die Leinwand geworfen zu werden. Endlich gab es unter den Fischern wunderbare Gestalten und köstlich verwitterte Gesichter, mit einem Wort: Prachtmodelle.

Die verwitterten Gesichter der Prachtmodelle dürften nicht nur von Sonne und Seeluft, sondern auch von den Stürmen des Lebens gezeichnet gewesen sein. Bettelarm war Ahrenshoop gegen Ende des 19. Jahrhunderts, so arm wie viele Dörfer an der Küste. Der Einzug der Maler und Sommergäste kam nicht ungelegen. Die Segelschiffahrt war am Ende, abgetakelt. Die Seeleute standen vor dem Ruin, ausgemustert. Die neue Mannschaft fuhr mit Dampf. Manch Stoßgebet ist beim Sonntagsgottesdienst in »Powerdörp« gen Himmel geschickt worden; der Herr möge sich erbarmen und nicht nur große Heringsschwärme in die Fischernetze treiben, sondern draußen auf See doch bitte auch ein fremdes Schiff versenken. Denn das, was das Meer an den Strand spülte, Kisten voll Gold vielleicht oder einfach eine Buddel Rum, gehörte dem, der es fand. Es hatte bessere Zeiten gegeben. Damals entstanden an der »Osterseite« die schmucken Häuser der Kapitäne und der Steuerleute, solide Fachwerkbauten mit schützenden Schilfdächern und buntbemalten Türen. Englisches Porzellan und schweres Silberbesteck gehörten zum Inventar der Guten Stube. Hunde aus Steingut starrten mit gelben Augen vom Kamin, und an der Wand hing mit Sicherheit ein »Seestück«, die Fregatte des Hausherrn bei einem waghalsigen Wendemanöver, originalgetreu und in Öl auf Leinwand gemalt. Gegenüber, in der »Westerreihe«, hätte man sich sowas nicht leisten können. Da wohnten die Matrosen in einfachen, dem scharfen Westwind ausgesetzten Katen. Auf der Kommode stand ein »Buddelschipp«, Souvenir von irgendwoher. Zu mehr hat die Heuer nicht gereicht.

Inzwischen biegt schon mal ein weißer Mercedes aus Ribnitz-Damgarten um eine Ahrenshooper Ecke. Ein Reisebus entläßt Westfalen zu Bockwurst mit Kartoffelsalat. Die »Bunte Stube«, 1929 vom Bauhaus-Architekten Walter Butzek entworfen, hat ihre Schaufenster mit sommerlich leichter Lektüre dekoriert. Der »Kunstkaten«, willkommene Galerie für die seinerzeit hereingeschneiten Maler, ist leuchtendblau gestrichen und seit nunmehr 87 Jahren ein Treffpunkt der Bohème; »Kulturschaffende« nannte man sie in jüngerer Vergangenheit. Ihnen, Bertolt Brecht, Hans Eisler, Anna Seghers, war der Urlaubsort nach dem Krieg weitgehend vorbehalten. Im rotgeklinkerten »Dünenhaus« auf dem »Millionenhügel« bewirtete der Lyriker und erste Kulturminister der DDR, Johannes R. Becher, erlesene und erwünschte Autoren. Aus dem soeben renovierten Gästehaus des ehemaligen Kulturbundes soll ein Tagungs- und Bildungszentrum werden, vielleicht mit einem Appartementhotel vis-à-vis, wenn die Baugenehmigung denn mal kommt. Schon melden sich alte Ahrenshooper, die der Wind und die Verhältnisse in alle Himmelsrichtungen verstreut haben, zur Silberhochzeit oder Kindstaufe an. Es gibt Champagner und Kanapees. Und Schnappschüsse für das Familienalbum.

Souvenirs aus Ahrenshoop. Die Replik einer Landschaftsskizze von Paul Müller-Kaempf. Die liebenswürdige Heimatkunde von Friedrich Schulz. Ein Stückchen Fischland-Keramik von Friedemann und Ella Löber. Hinter den Hecken, an der Hauptstraße 3, liegt ihre Werkstatt. Ella, die Schwester, öffnet die Tür. Teegeschirr aus Ton mit kleinen blauen Blumen, Pünktchen und Sprenkel auf bauchigen Krügen, Teller und Schüsseln von bäuerlichem Habitus. Ella Löber, Tochter eines Bildhauers, ist 1933 geboren und hat in Rostock Germanistik studiert, bevor sie Töpferin wurde. Ein Kommilitone hieß Uwe Johnson. »Im Juli 1956«, sagt sie nach einer langen Weile beredten Schweigens, »hat er bei uns gewohnt und seinen ersten Roman abgetippt«, die traurige Geschichte von Ingrid Babendererde und einer Reifeprüfung anno 1953 in der Deutschen Demokratischen Republik, das Buch, das niemand drucken wollte. Der Lektor des ostdeutschen Aufbau-Verlages bescheinigte dem gerade 22jährigen Verfasser einen typischen Anfall von »Westkrankheit«. Peter Suhrkamp kritisierte einen »Mangel an Welt«. Mit ausdrücklicher Billigung der Frankfurter Verleger wird Johnson später in den *Jahrestagen* seiner Protagonistin Gesine Cresspahl, zwischenzeitlich wohnhaft in New York, eine schwärmerische Reminiszenz an ihre Heimat in den Mund legen dürfen: »Das Fischland ist das schönste Land in der Welt. Das sage ich, die ich aufgewachsen bin an der nördlichen Küste der Ostsee.«

Kein schöner Land? Wer weiß. In Born am Bodden blühen die frühen Obstbäume, Fliederbüsche säumen die sandigen Wege, Pferde tänzeln auf der Koppel, die Straßen heißen Süd und Nord und Schul und Dorf. In der Seemannskirche von Prerow sehen die Engel wie Meerjungfrauen aus. Und in Zingst boomt der alte und neue Tourismus, Kurverwaltung und Badebedarfsartikel inklusive. Das Heimatmuseum im denkmalgeschützten »Haus Morgensonne« an der Strandstraße 19 veranschaulicht die große Ära der Segelschiffahrt mit maritimem Dekor und den behaglichen Interieurs betuchter Familien, den Betten in den Alkoven, den Klöppelspitzen, der Pendeluhr. Aber am 13. November 1872 hat die drei Meter hohe Sturmflut den Deich überrollt, die blau-weiß geblümte Wiege der sechs Monate alten Mary Ewert erfaßt und bis zum Fresenbruch geschwemmt, woselbst das Kind dann gerettet wurde. So alte Geschichten. Wie die von Martha Müller-Grählert, die mit einem Reisekoffer und einem Sonnenschirm durch das Museum spaziert, obwohl sie doch längst tot ist.

Martha Müller-Grählert ist eine Heimatdichterin aus Zingst am Darß gewesen. Sie hat allerdings ziemlich weit über den Tellerrand geschaut. 1911 wurde ihr Mann als Professor für Landwirtschaft an die japanische Universität Tonaku-Sapporo berufen, Martha ging mit. Man wählte den Landweg durch Sibirien. Die Jahre in Japan sind nicht näher dokumentiert; der Erste Weltkrieg zwang zum vorzeitigen Abbruch des Abenteuers. 16 Monate dauerte ihre Heimreise, die sie über Nordamerika wieder nach Vorpommern führte. Dort waren die Uhren nicht stehengeblieben. Der Krieg, die Inflation zehrten am Vermögen der Eheleute. Martha Müller-Grählert hielt Vorträge über ihre Exkursion um den Erdball, gab Stunden als Hauslehrerin, begann schließlich zu schreiben, Gedichte in plattdeutsch. Reichtümer hat sie damit nicht verdienen können; ihr bescheidenes Häuschen an der

Lindenstraße 7 bezeugt es. Aber Ruhm hat sie sich erworben. An ihrem Grab auf dem alten Friedhof liegen frische Blumen. »Da is mine Heimat, da bin ick tau Hus«, steht auf dem Grabstein. Der Text ging um die Welt. Er stammt von ihr.

Wo de Ostseewellen
Trecken an den Strand,
Wo de gele Ginster
Bleuht in'n Dünensand,
Wo de Möwen schriegen
Grell in't Stormgebrus, -
Da is mine Heimat,
Da bin ick tau Hus.

Und wir wollen eine Rast machen, dort, wo die Wellen an den Strand spülen. Zwischen Osterwald und Sundischer Wiese wollen wir unterm Sonnenschirm Platz nehmen und über die Militärmanöver sowie die exzessive Kuhwirtschaft palavern, die hier noch vor kurzem den Frieden der Natur gestört haben. Bei Kaffee und Kuchen wollen wir rekapitulieren, was wir im kleinen Museum des jetzigen Nationalparks über die Zapfen von Fichte und Lärche, die Bedeutung der Algen und den Kalkaufbau der Muschel erfahren haben. Später werden wir im Hafen von Zingst »Kruses fangfrischen Räucherfisch« probieren. Den Kuttern und Zweimastern werden wir nachschauen, die zu den Vogelinseln »Kirr« und »Oie« übersetzen, mit Ferngläsern, Seekarten und einem Dutzend Öko-Freaks an Bord. An die Hamburger Freunde werden wir eine Postkarte schreiben. Dann trudeln wir nach Stralsund. Passieren Zipke und Günz, Pütte und Zansebuhr. Lassen drei Rehen den Vortritt. Fotografieren den »Windpark von Küstrow«. Zehn Mühlen drehen Flügel, zehnmal so groß wie Flugzeugpropeller, und werden dafür von Bund und Land bezahlt. Aus Raps macht man Dieselersatz. Schon wieder was gelernt.

Das Leben auf dem Lande

In einer Stube und einer Kammer wohnten meine Eltern und wir fünf Geschwister. Ein Tisch mit einfachen Holzstühlen und einer Bank stand vor dem Fenster. Außerdem befand sich noch ein zweischläfriges Bett für die Eltern in der Stube. Vor dem Bett wurde abends ein Klappbett für das jüngste Kind aufgestellt. Der Fußboden bestand aus roten Mauersteinen, die nach dem Kehren mit weißem Sand bestreut wurden. In der Kammer war Lehmfußboden. Hier schliefen die größten Geschwister oft zu dritt in einem Bett. Da kein Keller vorhanden war, wurde ein Teil der Kartoffeln in der Kammer untergebracht. In der Diele stand für jede Familie ein offener Rauchherd, von dem aus der Stubenofen beheizt wurde. Fleisch und Wurst hingen unter der Dielendecke im Rauch.

Dem Landarbeiter Karl Schröder, geboren 1886, gestorben 1974, verdanken wir die anschauliche Schilderung der bäuerlichen Wohnverhältnisse im 19. Jahrhundert an der Küste Mecklenburgs. Das Freilichtmuseum in Klockenhagen hat ihn zu Wort kommen lassen und typische Hallenhäuser der Region originalgetreu auf die grüne Wiese gesetzt. Da stehen sie nun zwischen Backhaus, Rübenmiete und gackernden Hühnern und legen Zeugnis ab vom so arbeitsreichen wie traditionsbewußten Leben auf dem Lande. 1975 haben sich Christa Wolf und ihr Berliner Freundeskreis in ein mecklenburgisches Dorf zurückgezogen. Sie spüren alten Werten nach, allmählich begreifend, daß ihre Einmischung in den aktuellen Gesellschaftsprozeß unerwünscht ist, und dunkel ahnend, daß ihre Hoffnungen in den Sozialismus sich nicht erfüllen würden.

> Lange gingen sie dann in dem alten Hallenhaus umher, studierten an der Tafel mit den elektrischen Lämpchen seinen Plan, betrachteten die kurzen klobigen Betten und all das andere naive, etwas plumpe, für die Ewigkeit gemachte Gerät, das handgewebte Leinen, die Dreschflegel und die Flachsbrechen. Aus den Trachtenbildern blickten die Benutzer dieser Gegenstände sie ernsthaft an, und etwas wie Verlegenheit, eine schwer benennbare Art von schlechtem Gewissen überkam sie, so als würden wir es uns zu leicht machen mit unseren schnell veraltenden Waren und Konsumgütern, mit unserem ganzen flüchtigen und oberflächlichen, keiner Verantwortung verpflichteten, daher wenig dauerhaften Leben. Lange buchstabierte Ellen an einem kunstvoll bestickten Wandbehang, der die biblische Geschichte in rührende Reime brachte und, wo immer es anging, Worte durch Bilder ersetzte: Da krähte vor Morgengrauen der Hahn dreimal, und es war ein prächtiger mecklenburgischer Hahn, gestickt in fünf Farben, der sich da brüstete und seinen

Schnabel aufriß. Wahrlich, ich sage euch. Werdet ihr mich verraten haben. Verrat als Grundvergehen, in das Zentrum der Moral versetzt – ein damals neuer Vorgang? Eine Frage, die die Menschen auf den Bildern in den Bauernkostümen überhaupt nicht verstanden hätten.
Die Halbwüchsigen, die kichernd hinter ihrer Lehrerin durch die Räume streiften, sich überlegen und verächtlich über die unbeholfenen Zeugnisse früher Arbeit äußerten, verstünden die Frage schon wieder nicht mehr, aus anderen Gründen: Verrat scheint ihnen das tägliche Brot der Geschichte – Luisa, die ganz anderen Gedankenketten nachhing, flüsterte Ellen noch einen Spruch ins Ohr, den sie in ihrem Gedächtnis aufbewahrte:

Gustav Adolf, Christ und Held,
rettete bei Breitenfeld
Glaubensfreiheit für die Welt.

Heute nacht habe ich im Traum, dachte Ellen, den Mann mit der Sense verraten. Geschlagen ziehen wir nach Haus. Die Trauer ist berechtigt. Was aber, wenn da nur noch die Treueforderung ist, und der Hang, ihr zu gehorchen, aber niemand mehr und nichts, den oder das man verraten kann? Wenn alles in der falschen Weise zusammenpaßt und in der richtigen Weise auseinanderfällt?

Die Bauern damals hatten andere Sorgen. Die Gegend war arm, jahrhundertelang, und zersplittert in unzählige Fürstentümer. Nach dem Dreißigjährigen Krieg war Pommern abgebrannt, Mecklenburg auch. Vermögende Landedelleute und waghalsige Glücksritter nutzten die Gunst der Stunde und legten, Hektar um Hektar, ihren Großgrundbesitz an. Die Bauern wurden vertrieben oder in Leibeigenschaft gehalten. Viele wanderten aus und versuchten ihr Glück in Amerika. Andere schlugen sich als Tagelöhner durch. Die Scholle, die sie einst ernährt hatte, war unwiederbringlich verloren. Noch 1933 besaß der Landadel fast 65 Prozent der landwirtschaftlich nutzbaren Flächen, bis auch er von neuen Machthabern vertrieben wurde.

Bauernland in Junkerhand. Prächtige Gutshäuser und Herrensitze mit weitläufigen Parkanlagen sind in Mecklenburg und Pommern entstanden. Sie haben die Zeit überdauert, auch den Sozialismus, als man die Bauern in landwirtschaftliche Produktionsgenossenschaften nötigte. Die Landschlösser wurden zu FDGB-Heimen, Verwaltungsstellen und volkseigenen Betrieben umfunktioniert. Viele von ihnen stehen heute leer: ungeklärte Besitzverhältnisse, schwebende Rückerstattungsverfahren. Ein morbider Reiz ist ihnen eigen. Sie atmen Geschichte. Manchmal auch segensreiche. Und zwar »überall dort, wo ein Edelmann lebt, der sich nicht besser dünkt als seine Mitmenschen und im niedrigsten seiner Arbeiter den Mitbruder erkennt und selber mit anpackt ...« Das gab es nämlich auch, wenn wir Fritz Reuter, dem niederdeutschen Dichter aus Mecklenburg, glauben. Und das tun wir.

☛ *Stralsund*

Meerstadt

Das Rathaus von Stralsund, niemandem sonst als der Schönheit verpflichtet.

__________ Ist Jana Gappa, Lebensmittel-Verkäuferin aus Stralsund, die sich am 10. Juni 1995 im einteiligen Badeanzug am Schönheitswettbewerb der Ostsee-Zeitung beteiligt hat, inzwischen Fotomodell geworden? Hat sie zu später Stunde im Hotel am Bahnhof in festlicher Abendgarderobe das Finale bestanden und den Hauptgewinn, ein verlängertes Wochenende in Portugal, einkassiert? Wir wissen es nicht, aber daß die vom Wasser umspülte Ansiedlung für ihre schönen Töchter berühmt ist, war uns bekannt, denken wir doch nur mal an Rosemarie N. Die frische Seeluft in Verbindung mit Bürgerstolz und gediegenen Geldverhältnissen mögen auch weibliche Reize hervorgebracht haben.

Stralsund war ein einflußreicher Stützpunkt der Hanse, in vielen Schlachten umkämpft, unbeugsam oft. Wallenstein und 25 000 Söldner haben die Stadt nicht bezwingen können. Und auch 45 Jahre Sozialismus konnten ihren guten Ruf nicht ruinieren. Zwischen Knieperteich und Strelasund, Kütertor und Fährwall stehen sie noch, die Zeugnisse vergangener Macht: die Kaufmannsresidenzen und das Schwedenpalais, die Backsteinkirchen und das Rathaus; es ist allein schon eine Reise wert. Jana ist bestimmt nicht weggefahren.

Das Rathaus also am Alten Markt. Sieben jadegrüne, spitze Türmchen krönen die hohen, buntlasierten Backsteingiebel, die nur Blendwerk sind, reinste Fassade, niemandem sonst als der Schönheit verpflichtet. Blau scheint der Himmel durch die fünfzehn Fenster der Theaterkulisse. Zierliche Pfeiler gliedern die Front. Sternenkränze und Rosetten schmiegen sich in die Maueröffnungen. In den Untergeschossen, wo der Patrizierpalast erdenschwerer wird und die Ratsherren regiert haben, öffnet sich hinter Spitzbogenportalen ein Innenhof, eine Passage gleichsam, von heiterster Anmut. Schwarzhölzerne Säulen mit floralbuntem Schnitzwerk tragen eine Galerie, »Kophus«, Kaufhaus, einst. Feinste Pralinen und erlesene Dessous werden hier verkauft worden sein. Hier wird Bertram Wulflam, ehedem steinreicher Bürgermeister, das Tafelsilber und die Kristallpokale für die Hochzeit seines Sohnes geordert haben, bevor er dem jungen Brautpaar einen roten Teppich quer über den Marktplatz zur Nikolaikirche ausrollen ließ. Welche Stückchen wurden da im Mittelalter und in der Folgezeit aufgeführt? So finster können sie nicht gewesen sein. Aber Steine, auch Backsteine, reden nicht. Fritz Rudolf Fries hingegen kommt in Stralsund ins Plaudern.

> Auch ich ließe einen Kriminalroman nicht in Stralsund spielen, schriebe ich je einen. Niemand sucht in Stralsund, absichtlich, das Skurrile, Phantastische, Kriminelle. Niemand schreibt, beispielsweise, die Geschichte des Altertumsforschers, der beim Abbruch eines alten Hauses in der Papenstraße oder in der Badstraße einen Topf mit sagenhaften sarazenischen Goldmünzen findet und geheimhält. In der Gaststätte, sagen wir: Zum Fisch, spinnt sich der Faden der Handlung ein und weiter, vielwissend sitzt der Forscher beim Bier, sieht die Gäste triumphierend an, doppelt besessen ist der Mann von seinem Fund. Als Altertumsforscher begeistert ihn die seltene Prägung der Münze, sein zweites Ich (damit das Phantastische zum Zuge käme) setzt böse schwarze Ränder an von der ungeheuren Glut des Goldschatzes, der schon den Verfolger auf den Plan ruft, ein Mord tritt ein im Schatten der Giebelfronten, die Sonne des neuen Tages, die alles erhellen wird, schaut durch die Rosetten in der Rathauswand, eine maurische Architektur, die mit dem Goldschatz zu tun haben muß, der aus den Tagen der Hanse stammt. Ein wenig Geschichte untermauert

Semlower Tor 1934.

die Fabel, wer sich im Labyrinth der Handlung verläuft, findet sich wenigstens in der Geschichte wieder, aber schon taucht der drohende Kopf Gustav Adolfs im zugigen Gang des Rathauses auf, durch den die Hochzeitsgesellschaft hindurchgeweht wird, das weiße bauschige Kleid böse verfolgt von den Blicken des Altertumsforschers, der vor dem schönen alten Laden hinterm Rathaus stehenbleibt und die silbernen Kannen betrachtet und den Goldschmuck und das Geschmeide. Folgt die Hochzeitstafel im Mecklenburger Hof, wo die tschechische Combo nach einigen zappelnden Polkas Lover Man spielt, während wir einen gebratenen Hechtschwanz essen. Die Augen der Musiker starren alle ins Honigblond der Braut. Da fällt ein Schuß undsoweiter. Keine Ahnung, wie ich da herausfände.

Keine Ahnung. Aber in einem Mai vor der Wende sind in der Fährstraße zu Stralsund die letzten Außenaufnahmen für den Film »Flug des Falken« gedreht worden. Schöne Bürgerhäuser, zuweilen des Anstrichs bedürftig, stehen dort, barockrunde Dachgiebel schmeicheln sich ein. 300 Stralsunder Statisten waren seinerzeit im Einsatz. Kunstschnee rieselte, bei 20 Grad Celsius, auf ihre hochgeschlagenen Mantelkragen, auf Kopftücher und Schirmmützen. Haben die Statisten untertänigst die Augen gesenkt, als sie die Zeugnisse der Bourgeoisie passierten? Reckten sie die Arbeiterfäuste gegen Blutsauger und Halsabschneider? Für Hinweise wären wir dankbar. Der Film jedenfalls behandelte die Lehr- und Wanderjahre des jungen Friedrich Engels, seines Zeichens Industrieller und Co-Autor des Kommunistischen Manifests. Und wir wollen noch einmal zitieren, ehe alles vergessen ist. »Mögen die herrschenden Klassen vor einer kommunistischen Revolution zittern. Die Proletarier haben nichts in ihr zu verlieren als ihre Ketten. Proletarier aller Länder vereinigt euch!«

Was ist geblieben? In der Ostsee-Zeitung, Lokalteil Stralsund, inserieren drei Dutzend Autohändler ihre Neuwagen, Jahreswagen und Gebrauchtwagen. Stefanie Lange und André Nalenz bedanken sich für die Blumengebinde und die Glückwünsche zu ihrer Jugendweihe. Der Mietergemeinschaft Kedingshäger Straße, dem Bestattungshaus Kallwaß sowie Herrn Glaser wird gedankt, letzterem für die trostreichen Worte des Abschieds. »Birgels Autoverwertung« entsorgt Fahrzeuge aller Art. Die »Bauernstube Zimkendorf« lädt zur »Herrentagsparty« mit Grillrippen und Faßbier. In Knieper Nord entstehen Reihenhäuser, 300 000 Mark das Stück, ohne Carport. Die Peenewerft, von einer Marinewerft zur Kompaktwerft umstrukturiert, schwimmt in schwierigem Fahrwasser und rechnet mit einer längeren Flaute. Zwölf Stellenangebote für Rohrschlosser, Schiffbauer, Handelsvertreter, Saisonkellner und Studenten mit Facharbeiterbrief stehen zur Disposition, vier davon in Stralsund. Eine Arzthelferin sucht einen neuen Wirkungskreis. Boris Becker hat 20 Millionen Mark in die Stralsunder Mercedes-Benz-Niederlassung investiert und ist jetzt Daimler-Generalvertreter.

Ein Sternenhimmel leuchtet in der Marienkirche. Engel fliegen durch die Gewölbe von St. Nikolai. Seepferdchen und Picassofische umspielen das Korallenriff im Meeresmuseum, Zitteraale und Tigerhaie huschen durch verschlungene Wasserpflanzenwege. Ein Goldschatz ruht im Katharinenkloster, heute Kulturhistorisches Museum. 1872 entdeckte die Frau des Fischers Striesow am Strand der Insel Hiddensee das talergroße Glied einer goldenen Kette, sie wähnte zu träumen. Aber nach längerer Suche fand sie noch 15 weitere Glanzstücke im Sand, den sagenhaften Wikingerschatz. Leider mußte sie sich von ihm trennen. Gut möglich immerhin, daß sie Finderlohn bekam. Davon konnte vielleicht ein 24teiliges Porzellanservice (mit Goldrand) angeschafft werden oder ein neuer Kutter mit Seilwinde und Sextant. In der Schiffercompagnie an der Frankenstraße sind sie, nach Anmeldung, alle zu besichtigen, die Herzenswünsche des Seemanns: Galeassen und Brigantinen, Gaffelschoner und Schonerbriggs. Der Klabautermann kichert. Und Ricarda Huch beschwört das Rauschen des Meeres.

> Meerstadt ist Stralsund, vom Meer erzeugt, dem Meere ähnlich. Auf das Meer ist sie bezogen in ihrer Erscheinung und in ihrer Geschichte. Ihre stillen grauen Straßen durchwandernd, hört man plötzlich seine Löwenstimme, sieht man seine Schlangenhaut blitzen. Hier wohnten Menschen voll Abenteuerlust und Behutsamkeit, prächtig, stolz, abgehärtet, furchtlos, grausam, trotzig, fromm. Es waren Niederdeutsche, die hier einwanderten, aus Flandern, Braunschweig, Westfalen, seit hundert Jahren etwa Christen; doch mag es sein, daß von den Altären der Slawengötter, die sie zerstörten, ein Hauch fremden Heidentums in ihre Seelen drang.

400 Gebäude stehen in Stralsund unter Denkmalschutz, 180 sind von Grund auf sanierungsbedürftig. Bund und Land haben die Rekonstruktion der Altstadt zum Modellfall erklärt. Schon kokettieren Renaissancefassaden mit frischen Farben, vanillegelb, resedagrün. Hinterm Neuen Markt, zwischen Bleistraße und Apollonien-Kapelle, ist die Vergangenheit für uns noch wachgeblieben. Schmalbrüstige, windschiefe Backsteinhäuser drängen sich in der Dämmerung unter Linden und Kastanien aneinander, als suchten sie Schutz vor den Wechselfällen der Zeiten. Zwei alte Frauen kramen aus großen schwarzen Taschen die Wohnungsschlüssel raus. In gewisser Weise haben sie Glück; mehr als die Hälfte der 76 000 Stralsunder lebt in den Plattenbausilos der Vorstadt, in Triebsee oder Grünhofe. Im »Norddeutschen Hof« mit seiner holzgetäfelten Wirtsstube ist kein einziges Zimmer mehr frei. Aber im Hafen hat das »Hotelschiff Astoria« einladend die Lampen angezündet. Auf der Werft ist Feierabend.

Ein Rendezvous

Der berühmte Blick vom Kreidefelsen.

__________ Der vielstimmige Sprosser, lieber H., ist es gewesen, der uns auf unseren stillen Streifzügen durch die lichtdurchfluteten Buchenwälder und die kniehohen Blumenwiesen Rätsel aufgab. Ein Tremolo am hellen Tag wie von der Nachtigall, ein Locken und Rufen, Fragen und Antworten, erinnerst Du Dich? Es war der Sprosser, der da so zauberisch sang, und nicht die Nachtigall, natürlich. Ich erfuhr es erst später, den Salzgeschmack der See noch auf der Zunge und in Gedanken den paar Tagen nachhängend, die wir mit dem Fahrrad auf der Insel verbracht hatten. Dann las ich bei Gerhart Hauptmann: »Einem Sprosser hab ich gestern wohl eine Stunde lang zugehört. Er imitiert tausendfältig das Drama seines Lebens mit den Stimmen seiner Akteure: den Pfiff des Stars, die Geige des Finks, die Geräusche der Grillen, der Heuschrecken, der Libelle.«

Ich wußte nichts von der »Nachtigall des Nordens«, als ich uns für diese Fahrradtour auf der Insel angemeldet hatte. Auch von dem Duft der Linden, der Anmut der Grasnelke, dem Kreischen der Lachmöwe habe ich nicht wirklich gewußt, obwohl doch im Familienkreis gelegentlich davon die Rede war. Die Ostsee ist ja früher fast ein Naherholungsgebiet für die Berliner gewesen. Zwischen Juni und August haben sie gern auf Kudamm und Kranzler verzichtet und sind, sofern sie sich's leisten konnten, nach Rügen oder Hiddensee in die Sommerfrische gefahren. Sommerfrische, auch so ein Stückchen von damals, das zur allgemeinen Zufriedenheit wieder aufgeführt wird. Als Du mit den siebzehn anderen Sportsfreunden noch über den Rügendamm gegen den steifen Nordost anstrampeltest, habe ich in Binz schon mal den ersten Akt angeschaut.

Gutgelaunte Pensionäre in marineblauen Seemannspullovern schlenderten die Promenade hinauf und hinab. Die weißen Villen mit ihren filigranen Holzveranden, Loggien und Balkonen kündeten von der Saumseligkeit vergangener Tage. Bunte Strandkörbe, allesamt den letzten Sonnenstrahlen zugewandt und jetzt verlassen, standen am Meer, das Schaumkronen aufgesetzt hatte und mit dem Himmel verschmolz. Der Wind fegte über die Dünen. Die Lichter gingen an. Ja, in den Bistros und Cafés gingen nun lauter Lichter an, wurden Pizza und Pasta aufgetragen, ein kühler Wein eingeschenkt, die Andenken aus Bernstein rumgereicht, Ausflüge für morgen beratscht. Morgen, gewiß, werden wir auch sehen, daß die Zeit nur ziemlich langsam imstande ist, Wunden zu heilen. Und manchmal werden wir uns wiederum wünschen, sie möge ganz stehenbleiben. Da radeln wir durch die Rapsfelder von Rügen.

Beim Frühstück haben wir uns miteinander bekannt gemacht. Die Ehepaare aus Meerbusch und Schlangen, die langjährigen Freundinnen aus dem sächsischen Raum, der lustige Kerl mit dem Wiener Zungenschlag, sie hatten schon gemeinsame Erinnerungen an die Bockwurst in Ahrenshoop und die Reifenpanne bei Zingst. Wir alle waren neugierig auf die unberührte Boddenlandschaft, die Dörfer in der Maisonne, die legendären Alleen, auf denen das Radeln eine Lust sein müßte. Einstweilen schieben wir unsere Räder auf der Binzer Strandpromenade und erhalten eine Lektion zum Aufschwung Ost. Das prächtige Palais zur Rechten, das einst den örtlichen Kindergarten beherbergte, wurde also kürzlich zur Brasserie umgebaut. Im dreiflügeligen Kurhaus, wo es Rügener Fischsuppe und Boddenhechtfilet zu zivilen Preisen gibt, denkt man verschärft über die Zukunft und ungeklärte Besitzverhältnisse nach. Und die Sommervillen am Seeufer, in denen sich erst die Fabrikantenfamilien und später die werktätigen Massen erholten, sind, bei Licht besehen, noch etwas marode. Aber uns, pardon, geht es gut.

Nein, der Rasende Roland, der uns auf die Halbinsel Mönchgut bringen wird und bereits auf ungezählten Videos verewigt wurde, soll hier weiter keine Erwähnung finden, allenfalls die schmucke Bahnhofsvorsteherin mit dem roten Käppi und der couragierten Trillerpfeife. In Göhren dann riecht es nach Fisch und nach See. Der Wind vom Vortag ist abgeflaut, der Himmel blankgeputzt. Wir fahren durch dottergelbe Rapsfelder auf den Horizont zu. Hoppeln übers Kopfsteinpflaster an kleinen Backsteinhäusern mit Hauben aus Schilfrohr vorbei und an Bauerngärten entlang, wo Fingerhut und Rittersporn, Klatschmohn und Pfingstrose in üppiger Blüte stehen. Jawohl, die Wäsche flattert. Auf der Bank raucht ein Rentner sein Pfeifchen. Vier Gänse kreuzen unseren Weg, ein Spitz schlägt an. Am Meer weiden buntgescheckte Kühe und schwarzbraune Schafe. Die Schwalben fliegen hoch, derweil die Lerchen jubeln und Engel reisen.

»Vier Mahlzeiten nahm der Mönchguter am Tage ein«, lesen wir im Heimatmuseum von Göhren. »Morgens gesalzenen und gedörrten Fisch mit Kartoffeln; mittags Kohl mit Grütze, etwas Fleisch, Quark mit süßer Milch; nachmittags Kornkaffee und Brot mit Butter oder Schmalz; abends Salzhering mit Pellkartoffeln.« An Feiertagen gab es »Hümpelup mit Päkäl«, Weizenmehlklöße und Backobst, oder »Beern un Tüffeln un Brädhiring«, Birnen, Kartoffeln und Brathering. Ansonsten gab es bescheidenen Wohlstand für harte Arbeit: Spitzenhauben in Hutschachteln, Leinenzeug in Wäschetruhen, Fayencen auf dem Büfett. Es gab Badegäste aus der Stadt, Albert Schweitzer, Student noch, Gerhart Hauptmann, jung vermählt. Zum Auftakt der Saison schneiten sie herein, kolorierte Bleistiftskizzen hinterlassend oder vier flüchtige Zeilen eines Gedichts. »Am Nordperd steht ein Fischerhaus / kein Baum, kein Strand ringsum / drei rote Blumen vor der Tür / die nicken und leuchten stumm.«

Inzwischen steht am Nordperd eine Nobelherberge.

Es ist erst ein paar Jahre her, daß die Leute von Mönchgut zum himmelwärts strebenden »Cliff-Hotel« bei Sellin rübergeguckt und vermutlich die Faust in der Tasche geballt haben. Unter den fokussierenden Lichtkugeln aus den fünfziger Jahren drehten sich da die staatstragenden Herrschaften zu den Klängen der Combo, sofern sie es nicht vorzogen, den Fahrstuhl zum Meer und ein Mitternachtsbad zu nehmen; heute, hört man, wohnt sich's dort für drei-, vierhundert Mark pro Tag schon wieder kommod, geht in Sellin schwer die Post ab. »Heiße Musik und coole Drinks« sollen bei der allabendlichen Strandparty am Seesteg für »tolle Stimmung« sorgen. Im Hier und Jetzt sind wir nicht neidisch. Wir radeln über den Deich, dem Picknick entgegen, das gute Geister am glitzernden Wasser für uns aufgebaut haben: Bauernbrot und Nudelsalat, Weißwein und Honigmelone. Ein Lüftchen wiegt den Strandhafer. Paar wilde Schwäne fliegen über den Bodden. Ein Frosch quakt in die Stille. H. und ich, wir haben nichts zu meckern. Später, bei Streuselkuchen und Milchkaffee in Putbus, werden wir den schönen Tag noch mal Revue passieren lassen.

Auf die Hünengräber werden wir zu sprechen kommen, die so melancholisch in der Gegend rumstanden, und auf die Feuersteinvorkommen, die in grauer Vorzeit ein Exportschlager waren. Von der Blindschleiche werden wir reden, die wir, bei Gott, fast überfahren hätten, und von der hakeligen Kahnpartie mitsamt den Rädern. Wir werden ein bißchen politisieren, denn wir haben auch die Ferieninsel Vilm aus der Ferne gesehen, auf der Erich Honeckers Privatjet selbst bei stockfinsterer Nacht hat landen können und jetzt eine Naturschutzakademie residiert. Schaudernd werden wir uns an Prora erinnern, jene gespenstische Hinterlassenschaft der Nazis, ein »Kraft durch Freude«-Bad, für 20000 Volksgenossen auf vier Kilometer Strand geklotzt, später NVA-Kaserne und jetzt verlassen – zerbrochene Fensterscheiben,

Stempel und Soldbuch, Pin-ups im Spind. Dann prahlen wir mit unserer Belesenheit und zitieren Elizabeth von Arnim, die im säulengeschmückten Badehaus vor den Toren von Putbus, nur von ihrer Jungfer Gertrud begleitet, eine Weile Quartier nahm und fernab vom grimmigen Gatten quietschvergnügt war.

> Ungefähr anderthalb Meilen vor uns lag Lauterbach, es bestand aus einigen verstreut liegenden Häusern am Wasser, und ganz für sich, abseits, eine Meile links von Lauterbach, erblickte ich das Hotel, in das wir gehen wollten, ein langgestrecktes weißes Gebäude, etwa wie ein griechischer Tempel mit einem Säulengang und einer Treppenflucht, auffallend weiß vor dem Hintergrund der Buchen. …
> Das Zimmer war von der Art, daß der Gast, dem es gezeigt wird, augenblicklich fest entschlossen ist, eher zu sterben, als es zu bewohnen. Nein, nie würde ich in dieser düsteren Nische schlafen. Eher würde ich den örtlichen Behörden trotzen, meine Reisetasche zum Kopfkissen nehmen und die Nacht bei den Grashüpfern verbringen. Obwohl der Kellner, zu Ehren des Hauses, versicherte, dies sei das einzige noch freie Zimmer, sagte ich mit fester Stimme: »Zeigen Sie mir etwas anderes.« Es erwies sich, daß beinah das ganze Haus zu meiner Verfügung stand. Kaum ein Dutzend Gäste hielt sich darin auf. Ich wählte ein Zimmer, dessen Fenster auf den Säulengang hinausgingen und von dessen Bett aus ich eine Reihe friedlicher ländlicher Bilder sehen konnte. Die Dielen waren schmucklos, und das Bett war mit einem vielfarbigen Deckbett versehen, das offenbar von Flecken ablenken sollte. Ja, der griechische Tempel war entschieden kümmerlich und fand sicher nur bei den einfachsten und anspruchslosesten Touristen Anklang. Hoffentlich bin ich einfach und anspruchslos. Jedenfalls fühlte ich

mich so, als ich mir das Zimmer ansah, in dem ich aus freiem Willen schlafen – ja nicht nur schlafen, sondern sogar sehr zufrieden sein würde.

Und wir gedenken für fünf Minuten des Fürsten Malte I. von Putbus, einst Herr der Insel, der das Badehaus zur Belebung des Fremdenverkehrs ins Buchenwäldchen Goor hat setzen lassen, wie er überhaupt im 19. Jahrhundert mit englischen Parks und italienischem Marmor, Stadtensembles und Lustschlössern die Grundlage für den Bädertourismus auf Rügen schuf. Erst kam der pommersche Adel vom nahen Festland, dann das betuchte Bürgertum aus der entfernten Großstadt. Später bezogen lufthungrige Funktionäre und verdiente Facharbeiter die neuerbauten Datschen und Ferienheime am Meer. Auch Militär fand sich ein und sperrte Teile der Insel. Und heute? Heute zerbrechen wir uns nicht den Kopf über einen gewissen Herrn zu Putbus, Nachkomme des Fürsten, der glaubt, alles sei seins; die Immobilienmakler, die in der Ostsee-Zeitung nach Grund und Boden fahnden; die großräumigen Hotelanlagen, die bereits projektiert sind; den Yachthafen, den man vielleicht gleich an Ort und Stelle anlegen könnte und die Golfplätze, ein paar Meter weiter. Heute glauben wir, daß die Vernunft siegt, und machen einen Plan.

Wir wollen nach Kap Arkona, nach Vitt. Oben im Norden des zerklüfteten Eilands wollen wir ein Foto fürs Album machen, denn der Leuchtturm unterm feuerroten Dach ist in Verbindung mit den grasgrünen Radlerhosen der sächsischen Freundinnen ein hübsches Motiv. An der kleinen Kapelle hoch auf den Klippen wollen wir die Fahrt unterbrechen und Seemannsgarn spinnen. Es war einmal, daß ein Pfarrer und Poet namens Kosegarten hier zu den Fischern predigte, bis Heringsschwärme das Wasser dunkel färbten und die Männer hinabeilten, die Netze einzuholen. Es war einmal, daß Klaus Störtebecker die Obrigkeit anklagte, die Besitzlosen in Schutz nahm und zum Freibeuter vor den steilen Küsten der

Insel wurde. Gern wird seiner auf Rügen gedacht, nicht nur bei Festspielen. Unten in Vitt, dem Dorf mit dreizehn schmucken Katen und allen Voraussetzungen für eine Urlaubsidylle, gibt es fangfrischen Räucheraal gleich auf die Hand, Spekulationen über den Erwerb eines Ferienhäuschens und eine Begegnung mit Gabriele Goettle, der Spurensucherin.

Am Abend zieht ein Sturm auf, Gewitterwolken ballen sich über dem Meer zusammen, es blitzt, ohne daß ein Donner zu hören wäre. Wir rufen unsere Hunde, aber sie sind unten am Strand unterwegs und hören nichts.
Durchs Buchenwäldchen kommt ein Mann mit zwei Kindern an der Hand. Sein Karl-Marx-Bart wird ihm vom Sturm halb über die Schulter geweht. Wir grüßen und kommen ins Plaudern. Er ist erstaunt, uns hier mit dem Auto stehen zu sehen. In diesem Buchenwäldchen stand seit Menschengedenken kein Westauto. Er lädt uns zu einem Rotwein ein, in seine Datsche ganz in der Nähe. Elisabeth mag nicht.
Das lindgrün gestrichene Holzhäuschen liegt zwischen Ingenieursheim und Küste. Innen ist geheizt, ich bekomme Filzschuhe und werde von der Gattin mit dem Ellbogen begrüßt; sie wäscht gerade Geschirr ab. »Alles winterfest!« sagt der Mann und klopft gegen die Wand. In der schlicht eingerichteten Wohnstube liegt auf dem Tisch ein Neues Deutschland auf dem Wachstuch. Die Kinder springen sofort auf die Eckbank und rufen nach Coca-Cola, zanken sich um ein Etui voll westlicher Filzstifte, dann fangen sie in großen Zügen an zu malen. »Immer wollen sie nur Coca-Cola«, sagt die Mutter seufzend und verteilt eine Büchse auf zwei Gläser. Sie stürzen es in einem Zug hinunter, und ich frage: »Sagt mal, gibt es für euch einen Unterschied zu schmecken zwischen unserer und eurer Cola?« Das kleinere Mädchen zuckt

die Schultern, der Junge jedoch betrachtet mich gütig und erklärt: »Eigentlich nicht. Aber wenn sie warm ist, schmeckt die West-Cola nach Blech!« Diese überraschenden Worte gehen unter im väterlichen Befehl, zu Bett zu gehen, was auf wenig Verständnis stößt, dann aber doch befolgt wird.
Als endlich Ruhe herrscht, sagt der Mann belustigt: »Ich wollte vorhin schon sagen – als ich das Auto vorn stehen sah –, stellt es doch hier vors Haus, das erspart Ärger. Ich hatte ganz vergessen, daß es damit jetzt ja vorbei ist. Aber so ist man, immer noch vollkommen konditioniert auf die eingefahrenen Dinge. Früher, da durfte sich keiner der Küste nähern ohne Berechtigung. Unentwegt fuhr der Grenzschutz herum, die Nacht über wurde von See her die gesamte Küste abgeleuchtet mit starken Scheinwerfern.«
Die Gattin hat eine Kinderjeans auf dem Schoß und beginnt, einen Flicken einzusetzen. »Ja, so ist das mit uns, wir wissen zwar, es ist vorbei, aber wir haben immer noch diesen Reflex ... Dabei kann man sich ja Tag für Tag überzeugen ... Unlängst erst haben sie das große Radargerät abtransportiert. Dafür wurde extra der Weg neu planiert, sonst wären sie mit diesem Ding gar nicht vorwärtsgekommen. Zum Glück ist es jetzt weg! Das ging ja immer nur iuihhiukrkriuh, nicht ein Sender war ins Radio reinzubekommen, an Fernsehen war auch nicht zu denken. Jetzt geht alles einwandfrei.«
Im Verlauf des weiteren Gespräches stellt sich heraus, daß beide Mitglieder der Akademie der Wissenschaften sind, sie promoviert, er habilitiert. Beide sind Genetiker und arbeiten auf dem Gebiet der Zellforschung. Man ist in der DDR sehr oft überrascht, wenn sich Leute, die man vielleicht für Lehrer, Pfarrer oder Künstler gehalten hat, als Naturwissenschaftler vorstellen und mit akademischen Graden versehen sind, die bei uns in der Regel

Bäderarchitektur in Binz – filigran wie Spitze.

automatisch einen anderen Lebensstil mit sich bringen. Sie berichten, daß sie unmittelbar nach der Öffnung der Grenze die ersten Angebote aus Amerika bekommen haben. Sie hätten erst einmal alles abgelehnt, dann aber doch beschlossen, eines davon anzunehmen. Die Wahl fiel auf New Jersey, wo sie für ein Jahr in Princeton arbeiten und lehren werden. Die Kinder lernen bereits Englisch, in einem Vierteljahr soll es losgehen. Drüben werden sie ein Häuschen haben und eine Hausangestellte. Sie können sich das noch gar nicht vorstellen. Beide sind sehr zuversichtlich, was ihre eigene Zukunft betrifft, über die politische Entwicklung in ihrem Land hingegen sind sie beunruhigt.

»Als Linker, ohne je in der SED gewesen zu sein, mache ich mir wirklich Sorgen über das, was vorgeht. Unsere Identität verschwindet, und dann, fürchte ich, werden wir auch noch eine Massenarmut bekommen, vielleicht noch Schlimmeres. Das sind alles Dinge, die wir nicht kennengelernt haben bisher, und ich bin ganz sicher, es wäre besser, auf solche Erfahrungen zu verzichten«, sagt er, knackt mit den Knöcheln, streicht seinen Bart und blüht dann sofort wieder auf im Lob seines Forschungsgegenstandes, über den er lange spricht, irgendwie defensiv, wie mir scheint, obgleich ich nichts gesagt habe. Er sieht in der Genforschung eine große positive Zukunftsaufgabe. Noch wiegt er sich in der Hoffnung, auf einem politisch neutralen Forschungsgebiet zu arbeiten.

Die frühen Apfelbäume blühen. Der Flieder ist noch nicht verwelkt. Heckenrosen säumen unsere schmalen Schleichwege. Die silbrige See schimmert durchs Laub der Buchen. Der Kuckuck schellt die Lebensjahre aus. Das Herz klopft. Ganz vorne flitzt die eine Freundin, weit hinten folgen H. und ich. Wir haben's nicht eilig. Wir steigen mal ab und sehen uns satt, sagen mal »schön« oder halten den Mund. Dann nehmen wir einen Schluck aus der Feldflasche und schneiden uns mit dem Taschenmesser zwei Scheiben vom Glück ab. Das reicht bis zum Königsstuhl auf den schneeweißen Kreidefelsen, wo gerade 25 Reisebusse angekommen sind, Caspar David Friedrich die ersten Naturschwärmer malte und H. die Flucht ergriff, weil er sein Paradies zertrampelt fand.

Sollen wir noch vom autofreien Hiddensee schwärmen, wo uns die Fähre mit unseren Rädern anderntags hinbringt? Die Haushaltskerzen und die Schattenmorellen erwähnen, die mit an Bord sind, weil das Inselchen alles Nötige aus Rügen bekommt? An Asta Nielsen und Billy Wilder, Käthe Kruse und Sigmund Freud und all die anderen erinnern, die auf Hiddensee Ferien machten, und an jene Sommer, in denen auf dem gesegneten Fleckchen Erde unter jedem Baum eine Staffelei stand und aus jedem Busch ein Koloratursopran ertönte? Sollen wir einen Winter ausmalen, wenn der Sturm um die Ecken der Privatpension pfeift und ein Buch Gesellschaft genug ist? Von der heiteren Inselkirche erzählen, in der ein Engel vom Himmel schwebt? Lassen wir's gut sein, lieber H., ist schon genug ausgeplaudert.

Ein Winterstück

Schabernack auf der Künstlerinsel –
Asta Nielsen und Joachim Ringelnatz.

Bei Ehmers brennt Licht, das einzige weit und breit. Die Häuser haben ihre Mützen aus Schilf tief in die Stirn gezogen und ducken sich hinter die Dünen. Windsbräute fegen durch Ginster und Strandhafer. Wolkenfetzen jagen nach Ostnordost. Von fern brüllt das Meer. Kein Stern blinkt am Himmel. Kein Hund geht vor die Tür. Nur ein paar unvernünftige Großstädter konnten den Weg ins Federbett noch nicht finden. Jetzt schaudern sie. Rabenschwarz und plötzlich ist die Nacht auf die Insel gefallen. Krämer und Kneipiers haben die Rolläden runtergelassen. Alles Leben kriecht hinter den Kachelofen. Draußen toben die Elemente. Böse Geister brabbeln ihr Landunter. 17 Uhr 30 am Ende der Welt. Das wollten wir ja.

Am Morgen, bei unserer langsamen Anreise mit der Weißen Flotte aus Stralsund, waren noch pastellige Wölkchen wie Pinselstriche auf den Himmel getuscht. Eine frische Brise wehte um unsere Nasen. Das Herz frohlockte. Hiddensee, sonst süße Sommerfrische, also nunmehr im Winter. Die Fischerhäuser von Neuendorf schienen auf dem Wasser zu schweben. Der Dornbuschberg streckte seinen Rücken der fahlen Sonne entgegen. Vitte grüßte mit Wimpeln und Takelagen. Ja, ein Fahrrad würden wir uns unverzüglich mieten und zum Toten Kerl rüberfahren. Ja, geräucherten Aal würden wir essen und Schluck und Jau, den lustigen Gesellen, beim Nordhäuser Doppelkorn aufs Maul schauen. Und lesen würden wir, was das Zeug hält, an den schier endlosen Winterabenden, die ein gütiges Schicksal uns schenkt. So haben wir es auch gemacht.

Aber erstmal zu Ehmers. Zuerst und auf die schnelle zu den

alten Geschichten. Vorbei an der Insel-Drogerie und dem Zeitungs-Kiosk, der Sparkasse und dem Gemischtwarenladen. An den Baustellen vorbei, wo sandige Wege soeben gepflastert werden, und den Zimmerleuten in sehr weiten Hosen, die ein marodes Dachgestühl sanieren. Man wienert für die Saison. Mit fliegenden Fingern wird gehämmert und geklopft. 1300 Hiddenseer zählt die Gemeinde, und alle nehmen teil am Urlaubsgeschäft. Das war immer schon so. Es war zu DDR-Zeiten so, als eine Reise auf die umworbene Insel dem großen Los glich. Und in den zwanziger, dreißiger Jahren ist es nicht anders gewesen, wenn die naturverliebte Bohème aus Berlin ankam. Hans-Dieter Ehmer erzählt gut und gerne davon.

Der Lehrer im Ruhestand, der inzwischen Tagestouristen über das 16 Kilometer kurze, zuweilen nur 150 Meter schmale Ländchen führt, wohnt an einem historischen Ort. Asta Nielsen hat hier, im kreisrunden Bungalow, viele Sommer verbracht und Komödianten und Poeten um sich geschart. Das muß eine fidele Gesellschaft gewesen sein. »Heute morgen«, notierte die Schauspielerin am 12. Juni 1929 in ihr Tagebuch, »verließ Ringelnatz das Haus in Badehosen, knallrote Badeschuhe, ein gelbes Tuch um den Kopf und eine bunte Tasche auf dem Bauch für Bernsteine, die er zu suchen beabsichtigte.« Und ein paar Tage später: »Wo Ringelnatz ist, ist man nie sicher. Entweder steht meine Seife auf vier hohen Beinen, oder die Brötchen auf dem Mittagstisch quietschen, oder die Pfirsiche kommen auf den Tisch mit Straußenköpfen aus Papier und einer Gänsefeder als Schwanz.« Abends wurde getanzt, da, wo jetzt Ehmers Bücherregale mit Tolstoi und Goethe stehen und ein kleiner Kohleofen den Kamin ersetzt hat. Ab 1936 tanzte im sogenannten »Karusel« niemand mehr. Die Nielsen verließ Deutschland. Ringelnatz schrieb längst zuvor: »Wir haben keinen günstigen Wind. / Indem wir die Richtung verlieren, / Wissen wir doch, wo wir sind. / Aber wir frieren.«

Und wir lesen. Von den jungen Malerinnen Käthe Loewenthal, Klara Arnheim und Elisabeth Büchsel, die Hiddensee schon früh zum Ruf der Künstlerkolonie verhalfen. Von Erich Heckel, Otto Müller und George Grosz, die mit freiem Geist und freien Sitten den Badebetrieb aufmischten. Von Max Reinhardt, Otto Gebühr und Gustav von Wangenheim, denen die Insel Sommerheimat war. Und natürlich lesen wir von Carl Zuckmayer, der 1930 mit Frau und Töchtern auf Hiddensee noch so ausgelassen gewesen ist, von Thomas Mann, der seinerzeit im »Haus am Meer« im Schatten des löwenmähnigen Tycoons gestanden haben soll, und von Gerhart Hauptmann selbst, der um die Jahrhundertwende seine schwärmerische Liebe zur schwimmenden Oase in der Ostsee entdeckte und schließlich in Kloster ein Ferienhaus gekauft hat.

»Haus Seedorn« ist dezemberstill. Ein Gärtner harkt das Laub zusammen. Geranien überwintern in der Loggia. Bald wird der Bodden, auf den Hauptmann von seiner efeugesäumten Terrasse hat blicken können, zugefroren sein. Pferdeschlitten werden dann vielleicht zum Festland oder nach Schaprode gleiten. Schnee wird das Inselchen einhüllen. Und in den warmen Stuben wird, wieder mal, vom sonderbaren Dichter der »Weber« und der »Rose Bernd« die Rede sein, der sommermorgens in seiner dunklen Franziskanerkutte die Berliner Fräuleins beim Nacktbaden aufgestört hat und Jahrzehnte danach in nämlicher Bekleidung vor Sonnenaufgang auf dem Inselfriedhof bestattet wurde. Bis zuletzt Mittelpunkt.

Jede Ankunft war ein Auftritt. Carl Zuckmayer erinnert sich daran.

> Unser Garten grenzte an das geräumige Grundstück, auf dem Gerhart Hauptmanns damaliges Landhaus stand. Als wir nach Hiddensee kamen, war es geschlossen, er pflegte die frühe Zeit des Jahres in Italien oder im Tessin zu ver-

bringen, und auch dann war es ungewiß, ob er an die Ostsee oder in sein heimisches Agnetendorf nach Schlesien gehen werde. Aber eines Tages wurden die Läden des Hauses aufgemacht, die Betten gelüftet, und im Wirtshaus von Kloster sagte der Gastwirt Gau, der stolz darauf war, daß sein Name mit kleiner Veränderung in der Komödie ›Schluck und Jau‹ vorkam: »Unser Hauptmann kommt«.
Das Wirtshaus lag dem Landeplatz des Dampfers gegenüber, und ich saß dort gerade beim Abendschoppen, als er ankam. Es regnete, der Wind pfiff. Ich sah ihn durchs Fenster der Gaststube, wie er den Dampfer verließ, allein, während seine Frau und sein Personal sich noch um das Gepäck kümmerten, und mit großen Schritten in der Richtung zu seinem Haus davonging. Er trug einen weiten, capeartigen Mantel und hatte einen Schlapphut in die Stirn gezogen, der rechts und links seine weißen Haare freigab: eine mächtige Gestalt – man mußte unwillkürlich an die Asen der Edda, an den Wanderer Wodan denken.

Wodan, man höre, lud fast jeden Abend im exklusiven Kreis zum Essen. Vielleicht las Fräulein Jungmann, seine Sekretärin, aus dem neuen Stück des Meisters vor. Wodan zauberte dazu mit raumgreifender Geste Menschen und Stimmungen auf die imaginäre Bühne. Ein anderer Zauberer, der auf Hiddensee letzte Hand an einen großen Roman legte, war deswegen eingeschnappt, jedenfalls überliefert es so Katia Mann, seine Gattin.

Unsere Nachbarschaft in Hiddensee war etwas ärgerlich, weil Hauptmann doch der König von Hiddensee war. Er hatte uns sehr geraten, dort hinzukommen. Nun war er aber dermaßen eindeutiger König, daß für uns dort wenig Aufmerksamkeit abfiel. Wir wohnten im »Haus am

Meer«, »seinem« Haus, hatten aber mit den übrigen Gästen im Speisesaal zu essen und bekamen sehr mäßiges Essen, wohingegen Hauptmann köstliche Speisen auf die Zimmer hinaufgetragen wurden. Das Ganze war etwas verdrießlich.

Von der mit Blütenranken bemalten Decke des Inselkirchleins schwebt noch immer ein Engel. Zwei Segelboote hängen rechts und links am Altar. Ein Ölbild zeigt die tosende Brandung. Arnold Gustavs, der 45 Jahre Hiddensees Seelsorger war und stets eine fesche Schiffermütze trug, wußte, warum Fürbitten an den Schutzpatron der Fischer angebracht sind: »Das Wasser kam um sechs Uhr morgens am 13. November ins Haus und stand in den Stuben etwa einen halben Meter hoch. Die Eltern hatten die Schafe auf die Betten gesetzt. Die Kuh watete im Wasser hin und her, einem schwimmenden Kessel nach, in dem Futter für sie lag.« Das hat sich bei Ferdinand Schluck abgespielt, ein häufiger Name auf der Insel, verewigt von Gerhart Hauptmann.

Schluck und Jau also, Klärchen Häckermann und die paar Wochenendurlauber aus der Stadt wärmen sich bei Einbruch der Dämmerung in der »Inselbar« von einem rauhen Tag auf. Die Wochenendurlauber mit ihren Motorradjacken und Springerstiefeln und Beduinentüchern haben eine ausgedehnte Strandwanderung bei Nieselregen hinter sich, so ähnlich wie wir. Klärchen Häckermann hat vor Menschengedenken im »Hotel Hitthim« ein Wohltätigkeitsfest zum Zwecke der Finanzierung eines ordentlichen Leichenwagens ausgerichtet und am liebsten mit den Seeleuten Skat gespielt. Schluck und Jau schwadronieren. Vom Opa, der vorm Zähneputzen den ersten Schnaps zur Brust nahm. Von der Wende, die mal so und mal so ist. Wir essen Soljanka und sind in den Anblick des gelbroten Schiffes versunken, das die Deutsche Gesellschaft zur Rettung Schiffbrüchiger auf dem Schanktisch plaziert hat.

Mehr passiert nicht. Wir radeln nach Neuendorf und wieder retour. Wir klettern auf den Dornbusch und starren aufs Meer. Lungern am Hafen rum und gucken, ob ein Schiff kommt: kommt aber keins. Klar, das Wetter wechselt so hin und so her, ein wichtiges Thema auf Inseln. Erst gestern war der Himmel postkartenblau. Spielzeugkühe grasten auf grünen Weiden vorm herzergreifend weiten Horizont. Schwäne zogen, sing, sing, was geschah, über den sonnendurchfluteten Gellen. Ein Lufthauch streichelte das Heidekraut und unser Haar. Und sonst? Keine besonderen Vorkommnisse, sieht man einmal davon ab, daß der Sanddorn jetzt reif ist zum Pflücken, Plenzdorf inkognito in Grieben abgestiegen sein soll und das Radio am Abend kilometerlange Staus zwischen Ahlbeck und Swinemünde vermeldet. Nachrichten aus einer anderen Welt.

Das Pfund, mit dem die Insel wuchert: kein Autoverkehr, kein Yachthafen, keine Bettenburgen, auch keine Limonaden oder Biere aus Büchsen. Man ist sich einig. Der FDP-Bürgermeister will es so und sein mehrheitlich freidemokratischer Rat. Der Arzt möchte es, das Fremdenverkehrsamt, der neue Pfarrer, Lehrer Ehmer. Der Landschaftsschutz hält seine Hand auf dem Eiland. Die Mülldeponie wurde ausgelagert. Eine biologische Kläranlage ist im Bau. Und die Gastwirte, Hoteliers und privaten Vermieter, die sich ehedem kaum krumm legen mußten, weil die Nachfrage das Angebot bei weitem übertraf? Es sieht so aus, als hätten sie sich jener raffgierigen Frau erinnert, der Hiddensee der Sage nach seine abgehängte Lage zuschreibt, und stantepede Redlichkeit gelobt. Unsere Zimmer jedenfalls sind schön.

Wir gucken direkt auf die Ostsee, die heute bleigrau ist. Die Strandkörbe mit den rotweißgestreiften Drillichbezügen sind zusammengeschoben, Surfbretter und Paddelboote aufgedockt. Im nassen Sand liegen zartfarbige Muscheln zu Hauf. Windflüchter wurzeln auf der Steilküste. Möwen umkreisen ein Frachtschiff. Die Urlauber tragen für diesmal den Friesennerz spazieren. Sie wollen in die »Stranddistel« am südlichen Zipfel der Insel, alten Ost-Charme schnuppern. Wann war das denn gleich, daß die gemischte Aufschnittplatte, Pellkartoffeln und Quark, Bockwurst mit Kartoffelsalat nach Sonnenbad und Wellenritt den Gipfel des Glücks bedeutet und 1 Mark 60 gekostet haben? Wie alt sind die Perlongardinen an den Fensterscheiben, die Noppenbezüge auf Bänken und Stühlen? Was erheischt das Lied, das auf dem Plattenteller nudelt und Blumen im Nebel verspricht? Schwindelgefühle. DDR-Tango. Aufgelegt von Christoph Hein.

Es ist noch gar nicht mal so lange her, daß ein Hochschuldozent aus Leipzig für zwei Jahre im Gefängnis verschwand, weil er auf dem Klavier einen verfänglichen Tango gespielt hat. Wieder auf freiem Fuß, verdingt er sich auf Hiddensee als Kellner, wechselnden Studentinnen zu einem Platz an der Sonne und in seinem Bett verhelfend.

Von dem Einmarsch der Truppen in Prag hörte er, als er am frühen Vormittag wach wurde, im Bett liegend den Vorhang vor dem offenen Fenster beiseite schob und das Radio anstellte. Neben ihm lag eine Studentin, die er seit zwei Tagen beherbergte, ein etwas fülliges, sehr kleines Mädchen, das fassungslos die Nachrichten verfolgte. Anschließend verlas ein Nachrichtensprecher eine Mitteilung der Agentur TASS. Dallow stellte das Radio ab, aber das Mädchen bat ihn, das Gerät wieder einzuschalten. Sie hörte atemlos dem Sprecher zu und wehrte Dallow ab, der sie zu streicheln versuchte. Verwundert bemerkte er, daß sich die Augen der Kleinen mit Tränen füllten. Er wollte sie beschwichtigen, aber auch das verwehrte sie ihm, stand auf, stellte sich ans Fenster und hörte bewegungslos dem Radiosprecher zu, der das amtliche Kommuniqué mit gleichförmiger Stimme verlas. Dallow sah, daß das Mädchen heftig weinte. Anfangs belustigte es ihn, aber je länger er sie ansah, um so unwirklicher und anrührender erschien sie ihm. Dieses halbnackte weinende Mädchen mit den dicken Beinen, die ihren Kopf gegen den Fensterflügel lehnte und einer emotionslos wirkenden Radiostimme lauschte, über deren Rücken in fast regelmäßigen Abständen ein Zittern lief und die mit hilflosen Gebärden der Hand sich die Tränen abwischte, erregte Dallow. Er ging zu ihr, nahm ihr das Laken weg, das sie vor der Brust hielt, und trug sie zum Bett. Sie ließ es willenlos geschehen, und er schlief mit ihr, während der Radiosprecher ein zweites, heroisch klingendes Kommuniqué verlas.

Unser Tag ist jung. Wir nehmen den Hochwanderweg vom Leuchtturm zur Lietzenburg, da haben wir rechterhand das weite Meer und links den lichten Mischwald, gut so. Zwischen Birken, Buchen und Kiefern ist die Jugendstilvilla mit Türmchen und Erkern aus rotem Backstein versteckt, die sich ein reichgewordener und phantasiebegabter Berliner Holzhändler zu Beginn des Jahrhunderts auf einem Hügel über Kloster hat bauen lassen; sie nannten ihn den König der Insel, und bei schillernden Künstlerfesten hielt er hof: Oskar Kruse-Lietzenburg, Schwager von Käthe, der Puppenfee. »Die Eingangshalle war ausgemalt, alle Wände ringsum und die Decke, da schwebten rosafarbene Mädchen und ihre aufgelösten Haare wellten dahin«, entsinnt sich Max Kruse, Käthes Sohn, Jugendbuchautor, der Sommerferien seiner Kindheit bei »Onkel Oschen«.

Die Ernst-Moritz-Arndt-Universität in Greifswald hatte in der »Lietzenburg« viel später eine Dependance, die sie, im Wandel der Zeiten, aufgab. Die Fensterläden sind verwittert. Der Wintergarten verfällt. Moos wächst im Mauerwerk. Welch feines, kleines Kulturzentrum könnte das geben in Anlehnung an heitere Traditionen. Ein Raum für Esprit, Rahmen für Hiddenseer Gespräche, Villa Massimo des

Nordostens. Träume, Phantastereien, Stories aus Wolkenkuckucksheim. Stoff für Abende, an denen der Sturm an der Haustür rüttelt, das Feuerholz knistert und eine Flasche Rotwein entkorkt wird. Auch zupackende Naturen wie Alfred Langemeyer, Chef des Tourismus-Büros, und Manfred Domrös, seines Zeichens Pfarrer, spinnen dann den Faden weiter. Mit der Fischerei, jeder weiß es, wird auf Dauer kein Blumentopf mehr zu gewinnen sein, auch wenn Hiddensee-Hering zum Delikatessensortiment des noblen KaDeWe in Berlin zählt. Vorbei sind die fetten Jahre der staatlich geschützten Fangprämien. Die Zukunft wird im klugen Umgang mit den merkwürdigen Fremden liegen, jenen Zugvögeln, denen im Sommer die stundenlange Suche nach Bernstein oder Donnerkeil zu völliger Zufriedenheit gereicht und im Winter ein Stapel Bücher Gesellschaft genug ist; frei nach Gerhart Hauptmann: »Hiddensee ist eins der lieblichsten Eilande, nur stille, stille, daß es nicht etwa ein Weltbad werde!«

Die Kraniche sind schon abgereist. Wir müssen auch fort. Auf Wiedersehen, Frau Jahn, Sie waren uns eine freundliche Gastgeberin. Hiddensee, adieu. Bevor der erste Hahn kräht, schleppen wir Sack und Pack zum Hafen von Vitte. Sand knirscht unter den Gummistiefeln. Keine Laterne weist uns den Weg. Keine Katze umschmeichelt unsere Beine. Der dünne Mond hat sich hinter die Wolken verzogen. Aber eine Motorradjacke biegt um die nächste Ecke, eine verschlafene Urlauberin aus der Großstadt reibt sich die Augen, und ein Beduinentuch winkt der Insel sein Lebewohl. Unser Fährmann hat die schmucke Uniform der Weißen Flotte angelegt und das Kochen von Kaffee veranlaßt. Es ist Sonntag morgens. Und zappenduster. Auch noch bei Ehmers.

Caspar-David-Friedrich-Stadt

„Ruine Eldena mit Begräbnis" von Caspar David Friedrich.

Die Sonne war untergegangen. Fahl hatte sie über den Feldern gehangen, um dann wie ein Ball hinter die Linie zu sinken, die der Horizont zieht. Die Dämmerung brach herein. Die Bäume warfen lange Schatten. Bald würde es Nacht sein in Eldena. Im Zwielicht durchstreifen wir uraltes Terrain. Zisterziensermönche gründeten hier vor achthundert Jahren eine Klosteranlage, aus der eine Universität und die Stadt Greifswald entstanden. Die Stadt und die Hochschule haben viele Stürme überdauert. Vom Kloster blieben nur Ruinen. Ahorn und Eichen strecken im Kirchenschiff ihre Zweige zum Abendhimmel empor. Fledermäuse huschen durch die Sakristei. Gras ist über Grabplatten gewachsen. Ein Käuzchen ruft, als wäre es bestellt. Die Romantiker, kein Wunder, liebten diesen zauberischen Ort. Caspar David Friedrich, in Greifswald geboren, hat ihn unsterblich gemacht. »Abtei im Eichwald« heißt das bekannteste Ölgemälde von Eldena, ein düsteres Winterbild mit Mönchsprozession. Goethe soll es nicht gefallen haben, aber er fand die romantischen Schwärmer sowieso dekadent, Bettine vielleicht einmal ausgenommen.

Die Silhouette von Greifswald ist uns schon lange bekannt, dem Maler Friedrich sei Dank. In Museen und Büchern haben wir seine Stadtansichten und Landschaftsszenarien gesehen, die markanten Türme der drei großen Gotteshäuser, die Wiesen und Äcker vor den Toren der Stadt, die Pferde, die am Flußufer weiden. Dem einsamen Mönch am Strand haben wir über die Schulter geschaut, wie er da seinerseits das Meer betrachtet, und vom Kirchturm von St. Nikolai sind wir mit den Augen den Schiffen gefolgt, die draußen auf See im

Nebel verschwimmen. Geronnene Zeit. Irritierender Stillstand. Dämonisches Schweigen. Symptomatisch für Greifswald? Aber nein doch. Auf dem Marktplatz mit dem barocken Rathaus und dem spätgotischen Giebelhaus werden fünf halbe Hähnchen für eine Handvoll Touristen auf den Rost gelegt. Eine blutjunge Greifswalderin trägt ein Kleid aus nachtschwarzer Spitze spazieren. Der Buchhändler murmelt von Fallada und Koeppen. Im Postgebäude aus wilhelminischer Zeit verkauft ein Schalterbeamter zweimal das Spiel »Deutschland – ein Puzzle« und wechselt 50 Mark gegen Złoty; übermorgen will man zum billigen Einkauf nach Polen. Es ist Samstagvormittag, die Stadt ist still. Als halte sie den Atem an.

In der Lange Straße, gleich hinter dem Dom, steht das Haus von Caspar David Friedrichs Vater; Seifensieder ist er gewesen. Joachim Christian Friedrich, Kunsttischler und Bruder des Malers, hat das prächtige Chorgestühl im Nikolaidom geschnitzt. Zartbunt ist das Gewölbe der Kirche bemalt. Von der Orgel klingt Bach. Eine spätgotische Maria betet im Kreise von glaubensfesten Professoren. 1456 wurde die Greifswalder Universität, zweitälteste Nordeuropas, gegründet. Prominente Humanisten, Historiker und Philosophen, gelegentlich wohl auch ein Freigeist und Rebell, unterrichteten hier: Ulrich von Hutten, Theodor Mommsen, Ernst Moritz Arndt. Im Geviert zwischen Domstraße und Wallanlagen wird noch immer studiert. Es wird auch der ruhmreichen Vergangenheit gedacht, der Würdenträger und Honoratioren. Ihre Porträts hängen im Konzilsaal. In der Aula scharwenzeln Putten um marmorierte Säulen. Der Dekan hat sich sechs Parkplätze im Hinterhof des Barockpalastes ausbedungen, ein Schild zeigt es an. Das Physikalische Institut, schräg gegenüber im reinsten Historismus erbaut, gedenkt mit einer Tafel über dem Eingangsportal des Wissenschaftlers Gustav Mie, dem »Mitbegründer einer einheitlichen Theorie von Teilchen und Feld«. »Benz brennt« und

»Spekulanten raus« haben junge Hitzköpfe mit weißer Farbe auf den Backstein gesprüht. Es hat schon mal ein anderer gegen das Doppelgesicht der bürgerlichen Wohlanständigkeit opponiert. Jetzt ist er Ehrendoktor der Ernst-Moritz-Arndt-Universität und Ehrenbürger von Greifswald.

Lieber Wolfgang Koeppen, Sie haben uns begleitet auf unserer Reise nach Rußland und anderswohin. Mit Ihnen sind wir in Rom und in New York gewesen. Die masurischen Wälder lernten wir kennen durch Sie, und das »Romanische Café« in Berlin, Legende für uns, denn wir sind etwas jünger. Nun also Greifswald. Hier sind Sie geboren worden als Sohn einer Weißnäherin und eines ballonfahrenden Privatdozenten, eine flüchtige Liebe. Hier sind Sie langhaartrotzig und mit geballter Faust durch die Gassen wilhelminischer Engstirnigkeit gestreunt. Sie gaben sich düster. Sie waren Raskolnikow. Sie eiferten Kropotkin nach. Sie zündeten die Stadt an. Studieren konnten Sie nicht, weil Sie arm waren. Statt dessen mußten Sie als Tagelöhner Kartoffeln aus dem Ackerboden klauben und als Laufbursche Pakete durch die Lange Straße tragen. Den Lesesaal der Universität haben Sie dennoch häufig aufgesucht, er wurde für Sie zum Tor zur Welt. Sie stießen es auf. Sie entflohen der Provinz, dem Biedersinn des Kleinbürgertums, der deutschen Gemütlichkeit im Zwischenkriegsreich. So haben wir es jedenfalls bei Ihnen selbst gelesen.

Blitz und Donner drohten der Stadt, zogen gegen die berühmte Silhouette des romantischen Malers, da waren die spielenden Fohlen auf der Weide, die einsamen Männer, die traurig den Mond betrachten, die im Hafen ruhenden schlafenden Boote mit ihren Masten zu Afrikas Küsten in Knabenträumen, die Türme und Dächer von St. Nikolai, St. Jakobi und St. Marie drückten schwer die Gemeinde, glichen, aus rotem Backstein gegen den nie erreichten Himmel gebaut, Festungen tollkühner Planung, vergreist in Wüste, Wildnis und Sumpf, und in den Kirchen lagen verlassen die leeren Schiffe, gebetlose Hallen hinter verschlossenen Türen, der Gnade der Beichte und Lossprechung entzogen, lagen die ungeschmückten protestantischen Altäre, die Kanzeln schulmeisterlicher Prediger, der verlorene Aufstand begrabener Gewissen, während es in den Gassen ringsum behäbig nach Abendbrot roch, nach Spickaal, nach Bratkartoffel und Fisch, nach Speck und Kleiebrot, nach Buchweizengrütze und Klüttegrütt, nach bürgerlicher Bescheidung, tückischer Demut, familiärer Niedertracht in Furcht und Enge und blind in Dummheit, nach der verwelkenden Erinnerung an die armen Helden des Krieges, nach der konservierten schönen Leiche des Kaiserreichs, dem von hinten erdolchten pasewalker Kürassier im Köchinnenglanz der roten Biesen auf weißem Tuch, nach dem Mensurblut der Studenten über den stinkenden Schurz korporierten Mutes ins Sägemehl der Kneipen gelaufen, nach dem Blut der von tollwütiger Feme Erschlagenen, ins Torfmoor versenkt, zu den Hünengräbern getragen, nach Mädchenblut, in versteckter Wäsche unter das Sofa der guten Stube gestopft, nach der Asepsis, dem Eiter, der Anatomie der Kliniken, dem Schweiß der Kranken, dem Entsetzen der Sterbenden, der Angst der Examinierten und der schuldig Unschuldigen im Gefängnis ausgeliefert den Wärtern, nach dem Wahn der Irren in der Heilanstalt hinter den Gleisen und nach den Witzen, die man über sie macht, nach den verfaulten Blumen der Friedhöfe und dem Tod, den jeder in seiner Brust trägt, nach dem gasenden Schlick des Wallgrabens und der Abwässer, dem drängenden Atem der Liebenden unter dem Gebüsch in den Ruderbooten des Sommers, nach den Gespinsten der Professoren, den toten Herzen der Beamten, dem Staub der Gesetze, und dann die Armut der Langen Reihe und der grauen Schule verknöcherte

Falladastraße 2: Das Wohnhaus der Familie Fallada.

Domstraße, Oberverwaltungsgericht. Im Gefängnis nebenan war Fallada inhaftiert.

Schmach, wie haßte ich die Stadt und wünschte die Schlangen herbei, eine gleitende Natter um jeden Pfosten, der ein Dach trug, ein Bett und den tiefen Schlaf all der Gerechten stützte.

Das Institut für Sport der Greifswalder Universität ist in einer stillen Seitenstraße, nicht weit vom Tierpark und dem »Kulturhaus der Eisenbahner 1. Mai«, untergebracht. Ein schmales Backsteingebäude, gleich neben dem »Hotel Möller«. Im Windfang stehen Wimpel und Pokale. Sportrekorde sind zu vermelden: K. Wandrack führt die Leichtathleten an, A. Heller die Schwimmer. Hinterm Haus lagern zehn Zentner Brickett. Verschwitzte Läufer kehren von der Aschenbahn zurück. Wir fragen nach Fallada, hier soll er gewohnt haben, die Straße ist ja auch nach ihm benannt. Die Studenten zucken ratlos mit den Schultern, sie studieren keine Literaturwissenschaft. Sie sind auch noch zu jung, um sich für Heimatgeschichte zu interessieren. Wie sollen sie wissen, daß Hans Fallada in Greifswald geboren wurde und mit Eltern und Geschwistern am ehemaligen Karlsplatz 2 gelebt hat, bis die Familie nach Berlin umzog? Der Vater, Richter am Landgericht, hatte es nicht weit zu seiner Dienststelle. Im Gründerzeitgebäude in der Domstraße sitzt jetzt das Oberverwaltungsgericht. Das Stadtgefängnis schloß sich an, bevor es abgerissen wurde. Ein Häftling, in den zwanziger Jahren wegen eines Drogendelikts für vier Monate hinter Gitter gekommen, hieß Rudolf Ditzen. Unter dem Pseudonym Hans Fallada wurde er berühmt. Mit dem Roman *Wer einmal aus dem Blechnapf frißt* zum Beispiel, einem Plädoyer für die Beladenen und Gestrauchelten. Wir wollen Greifswald in heitererer Erinnerung behalten und kehren in der Lange Straße ein. Erdbeerbecher mit Sahnehäubchen. Espresso und eine Praline. Am Nachbartisch sitzt Caspar David junior mit seinem Skizzenblock.

Usedom

Das Nizza an der Ostsee

Zwischen Achterwasser und Schäfermoor.

__________ Seringsdorf ist der fashionablste Badeplatz auf Usedom und einer der reizendsten im deutschen Lande. Man kann den Ort, ohne zu übertreiben, mit einem mannigfaltigen Garten, mit einem zurückgebliebenen Rest des Paradieses an der blauen See vergleichen. Dies lachende Bad gleicht einem Diamanten, den man in den Kelch einer Waldblume versenkt hat.

Schön haben Sie das gesagt, Herr Koch. Carl F. Koch, Lehrer und Reiseschriftsteller, schrieb 1872 das vergessene und vergriffene Büchlein *Zwischen Strand und See* aus der Erwägung heraus, daß »ein Bedürfnis nach lokaler Information« bestehe. Gut möglich, den Adelskalender und die Regenbogenpresse kannten die honorigen Damen und Herren schließlich schon in- und auswendig. Heringsdorf war als »Nizza an der Ostsee« längst zum Modebad geworden. Es kamen die Minister und Geheimen Räte, die Landgerichtsräte und Literaturprofessoren, die Fabrikbesitzer und Oberhofprediger, die Börsenmakler und Frauenärzte.

Auch gekrönte Häupter kamen, Kaiser Wilhelm nebst Gattin, Prinzessin Victoria, Tochter der Queen, Friedrich III., König von Preußen. Ihm soll der Ort seinen nicht sonderlich originellen Namen verdanken. 1820, der König war auf der Insel zu Gast, bat man ihn, das unbekannte Fleckchen Erde zu taufen; am Strand wurden gerade die Netze eingeholt. Und seine Majestät sprach: »Heringsdorf.« Das war der Anfang. Die Haute Volée packte unverzüglich die Hutschachteln und fuhr in das geadelte Fischerdorf. Das gemeine Volk besetzte die noch freien Plätze zwischen Zinnowitz und Ahlbeck. Usedom wurde zur »Badewanne Berlins«. Heringsdorf blieb die erste Adresse. So ist es bis heute.

Der Bauboom setzte 1872 ein, nachdem ein Berliner Bankier die »Aktiengesellschaft Seebad Heringsdorf« gegründet und geldgepolsterte Großstädter zu Investitionen auf dem Eiland ermuntert hatte. Es entstand ein Paradebeispiel der Seebäderarchitektur. Weiße Gründerzeitvillen mit verglasten Veranden, klassizistische Paläste mit Säulen und Ziergiebeln, Privatpensionen mit Erkern, Türmen und Jugendstilschmuck reihen sich an der Promenade, dem sogenannten »Meeressalon«, zur sprichwörtlichen Perlenkette aneinander. In Rhododendrongärten träumen Dornröschenschlösser. Nobelhotels thronen auf bewaldeten Hügeln. Die Seebrücke, 1946 in einer kalten Winternacht weitgehend abgebrannt, als ein sowjetischer Besatzungssoldat dortselbst ein wärmendes Feuerchen entzündete, streckt sich mit Cafés, Geschäften und Ferienwohnungen wieder 500 Meter weit ins Meer. Der »Kaiserhof Atlantic« hingegen, auf alten Postkarten unschwer als Prachtstück auszumachen, ist in den siebziger Jahren wegen Baufälligkeit und bourgeoiser Anmutung kurzerhand in die Luft gesprengt worden. Die Bettenburg, die seine Stelle einnahm und dem Fremdenverkehrsamt zu Recht ein Dorn im Auge ist, soll, dem Vernehmen nach, demnächst das Zeitliche segnen. Kein Zweifel, wer den Schönheitswettbewerb auf der Insel gewinnen will.

Vor allem die Berliner werden die Anstrengungen zu würdigen wissen. Sie haben es immer getan bis zum Krieg. Zwischen See- und Strandstraße, Bad- und Kulmstraße haben sie gewohnt, die Schönen, Reichen und Klugen. Erhard Rusch, Usedomer Lokalpatriot, hat sie alle gezählt und in einer Heimatchronik aufgelistet: den Dichter Fontane, der freundliche Worte für Heringsdorf fand; den Historiker Mommsen, der im Meer fast ertrunken wäre; den Komponisten Johann Strauß, der »trotz schlechten Kassastandes« kam; den Maler Kaulbach, der Goethes *Reineke Fuchs* illustrierte; den Buchhändler Baedeker, der durch Reiseführer berühmt wurde; den Lyriker Emanuel Geibel, der die *Ostseelieder* und das Wanderlied vom Mai schrieb; das Lästermaul Tucholsky, der mit dem Kabarett-Ensemble »Chat Noir« anreiste; die Schauspielerin Evelyn Holt, die 1928 für die Titelseite des Bäderprospekts posierte; die Brüder Mann, die mit großem Gepäck abstiegen; Heinrich hat sich im Heringsdorfer »Strandhotel« erholt, Thomas gleich nebenan im Seebad Bansin. Dort ist Hans Werner Richter, Mitbegründer der legendären Schriftstellergemeinschaft »Gruppe 47«, geboren, wir werden noch von ihm hören. Aber erst wollen wir zu Gorki, unserem melancholischen Freund.

Maxim Gorki suchte 1922 von Mai bis September in Heringsdorf auf Anraten Lenins Linderung für sein Lungenleiden. In Begleitung seiner Schwiegertochter Natalie, einem Sekretär und einer Haushälterin nahm er Quartier in der »Villa Irmgard«, heute eine sympathische Gedenkstätte,

Villa Irmgard – hier stieg Maxim Gorki ab.

nicht weit vom Strand. Hier lebte er zurückgezogen, unternahm am Morgen Spaziergänge durch den nahen Wald, spielte nachmittags Karten mit Natalie im »arabischen Zimmer«, arbeitete in der Veranda am dritten Band seiner Autobiographie *Meine Universitäten*, korrespondierte mit Romain Roland und Anatole France. Ab und an kam Besuch vorbei, Fjodor Schaljapin zum Beispiel oder Tolstoi. Dann summte im Musikzimmer der Samowar. Jahre zuvor, 1904, am Vorabend der Russischen Revolution, war in St. Petersburg Gorkis Theaterstück »Sommergäste« uraufgeführt worden. Ein Skandal für das Zarenreich. Die städtische Intelligenz faulenzt in ihrer ländlichen Datscha, derweil sich die besitzlose Klasse krummlegt. Pustobaika, der Dienstbote, schimpft: »Sommergäste sind alle gleich. Ich habe genug davon gesehen... Sie sind für mich wie Blasen auf einer Pfütze bei Regenwetter... kommen hoch und platzen, kommen hoch und platzen... tauchen auf, verdrecken alles und fort sind sie... Und du kannst danach aufräumen und ausfegen.« Und Schalimow, ein Dichter in der Schaffenskrise, räsoniert: »Das Meer lachte, schrieb ich und glaubte lange, daß das gut sei.«

Sommergäste. Hans Werner Richter hat sie beschrieben. Der Schauplatz: Bansin.

> Die Gäste der ersten Periode kamen mit Leibdienern und Leibkoch, mit Zofen und Kammerzofe, mit Leibkutscher und Kammerdiener, mit riesigen hängeschloßbeschwerten Reisekörben, mit Reitpferden und Stalljungen, und die Einwohner bezeichneten sie als »die Herrschaften«, und jeder Diener war ein herrschaftlicher Diener, jeder Kutscher ein herrschaftlicher Kutscher, und jeder Koch ein herrschaftlicher Koch. Sie nannten sich Hoheit, Graf, Herzog, Durchlaucht, Excellenz, Baron und kamen gemeinhin mit dem D-Zug an, der kurz vor Mittag auf dem kleinen Bahnhof einlief. Sie trugen Schnurr-,

Backen-, Voll- und Spitzbärte, rauchten Zigarren auch beim Promenieren, gingen in Galauniform oder auch im Frack zur Reunion, spielten Tennis in knielangen Hosen, tranken Champagner, hörten sich als Experten kritisch das Spiel der wechselnden Militärkapellen an und ritten durch den Buchenwald bis zu Knuths Ruh, er kerzengerade und sie im langen Reitrock und im Damensattel. Unter ihnen befand sich zeitweise auch S. Majestät der Kaiser, der sich in der Meeresluft auf langen Spaziergängen von seiner Politik erholte und so oft zu einer bestimmten Anhöhe schritt, bis die Einwohner sie in Kaiser-Wilhelm-Höhe umtauften. Die Zahl der Gäste stieg in der ersten Periode schnell an und betrug:

1897	380
1902	2476
1906	5500
1910	7764
1912	8589

Diese Gäste waren leutselig, herablassend und so vornehm, daß die Einwohner des Ortes sich nur selten auf die Strandpromenade oder ans Meer wagten. Im August 1914 verließen sie panikartig den Ort und kamen nicht mehr zurück.

Die Gäste der zweiten Periode gingen glattrasiert und reisten mit Autos an, die in keinen Bretterschuppen paßten. Überstürzt bauten die Einwohner des Ortes Garagen. Diese Gäste kamen ohne oder nur selten mit Leibpersonal. Nur auf den Chauffeur konnten sie nicht verzichten, und wer keinen Chauffeur hatte, den nannte man verächtlich einen Herrenfahrer. Sie waren Geheimräte, Professoren, Doktoren, Kommerzienräte, und nur selten war ein General oder eine Hoheit dazwischen. Sie rauchten weniger Zigarren, trugen nur noch vereinzelt Monokel, hörten den Militärmärschen der Kurkapelle skeptischer zu, liebten in der Reunion den Tango, dann

den Charleston, und schließlich das, was sie die »Jazzerei« nannten, und wurden im Laufe ihrer Periode immer ausgelassener. Viele von ihnen kamen nur zum Wochenende, um ihre Frauen zu besuchen, was zur Intensivierung des Liebeslebens im Ort beitrug. Sie lagen am Vormittag in ihren Strandburgen unter schwarz-weiß-roten Flaggen, schliefen am Nachmittag, promenierten am Abend im Smoking, tanzten, liebten am frühen Morgen, und hätten gern zu den Gästen gehört, die in der ersten Periode kamen.
Viele von ihnen kamen in der dritten Periode nicht wieder, aber jene, die wiederkamen, nannten sich nun Major, General, Hauptmann oder Hauptsturmführer. Sie kamen nicht mit Chauffeur, sondern als Herrenfahrer, was nun nicht mehr verächtlich war. Ihren ehemaligen Chauffeur trafen sie unter Umständen nachts in dem Café mit dem altgermanischen Namen wieder, nun ebenfalls Hauptsturmführer. Sie nannten das, was sie tranken, Sekt oder Champagner. Sie tanzten nicht mehr Charleston und lehnten die »Jazzerei« ab. Sie kehrten zum Tango, zum langsamen Walzer, zum Foxtrott zurück, und neu war für sie nur der Swing. Unter ihnen waren viele Berufe, die mit »Staats« anfingen: Staatsräte, Staatssekretäre, Staatsintendanten, Staatsschauspieler und Staatsschauspielerinnen. Für Liebesspiele bevorzugten sie die Strandkörbe. Ihre Lebenslust zeigte seltsame Abarten. Einige von ihnen schossen nachts mit Revolvern in die Reifen der eigenen Autos oder in die Kronleuchter oder Spiegel der großen Hotels. Sie eilten im August-September 1939 panikartig davon, ein jeder zu seinem Corps, zu seiner Division, oder sonst wohin, und kamen nicht mehr zurück. Statt ihrer reisten Jahre später Urlauber an, die in Hosenträgern auf der Strandpromenade spazieren gingen, ihr eigenes Bettzeug mitbringen mußten, zu irgendwelchen Arbeitsbrigaden gehörten, täglich

Schulungsabende besuchten oder besuchen mußten und mit ihrem eigenen Glück nicht viel anzufangen wußten. Ihnen war das Meer verdächtig und nur der Wald vertraut, in dem sie Blaubeeren und Pilze sammelten, um sich ein Taschengeld zu verdienen. Sie tanzten wieder Walzer, wie die Gäste der ersten Periode, und lehnten die »Jazzerei« ab, wie die Gäste der dritten Periode.

Es lebte mal ein Pfarrerstöchterlein, das tat viel Gutes, denn den Menschen ging es schlecht. Kaiserliche Horden marodierten durch Pommern, steckten die Dörfer in Brand, plünderten die Kirchen und raubten den Ärmsten ihr letztes Stück Brot. Auch in Koserow auf der Insel Usedom brach die Hungersnot aus, dicht gefolgt von der Pest. Erst krepierte das Vieh, dann wurden die Alten und Schwachen dahingerafft. Maria Schweidler, die Tochter des Pfarrers, flehte ein Wunder herbei. Der Herr hat sie erhört und auf den Steckelsberg geschickt, woselbst sie eine Bernsteinader fand. Die schlimmste Not war vorbei. Maria teilte mit vollen Händen aus. Aber wieder starb eine Kuh, erlag ein Kind dem Fleckfieber, traf einen Bauern der Schlag. Böse Zungen dichteten der freigebigen Pfarrerstochter eine Liebschaft mit dem Satan an. Inquisitoren machten ihr den Hexenprozeß. Schaulustige pilgerten zum Scheiterhaufen. Ein Edelmann aus Pudagla hat sie in letzter Minute gerettet und zu seiner Gemahlin erwählt.

Der glückliche Ausgang der schaurigen Mär hätte stutzig machen können. Aber als Wilhelm Meinhold, Pfarrer in Koserow, 1827 das Buch *Die Bernsteinhexe* herausgab, hielt man es für ein authentisches Dokument aus dem 17. Jahrhundert. So hatte der Pfarrer es auch gewollt. Beim Abstauben des Chorgestühls, teilte er seinen Lesern in einer Vorrede mit, habe er die in Schweinsleder gebundene Handschrift von Abraham Schweidler, einem seiner Amtsvorgänger, gefunden. Die Grausamkeit der Hexenverfolgung sei ihm bei der Lektüre erstmals in aller Schärfe vor Augen geführt worden, weshalb er das Manuskript nunmehr einer breiteren Öffentlichkeit zur Kenntnisnahme vorzulegen wünsche. Meinhold gelang nicht nur ein Meisterwerk der Täuschung, sondern auch ein facettenreiches Sittenbild des Dreißigjährigen Krieges. Man riß sich darum. Die Literatur-Szene stand kopf. Heinrich Laube nahm den Text als Vorlage für ein »historisches Schauspiel in fünf Akten«. Friedrich Hebbel lobte die feine Beobachtungsgabe des Abraham Schweidler. Erst beim Erscheinen der zweiten Auflage gab Meinhold seine Urheberschaft preis. Und wir zitieren aus seinem Roman das Happy-End.

> Nunmehro kam aber auch der Junker schon umb die Ecken galoppieret, hatte ein grün sammet Wammes an mit roten seidinen Ärmeln und einen grauen Hut mit Reiherfedern. Summa: war stattlich angetan, wie eim Bräutigam gebühret. Und als wir nunmehro aus der Türen liefen, rief er meinem Töchterlein auf lateinisch schon von ferne entgegen: »Quomodo stat, dulcissima virgo?« Worauf sie zur Antwort gabe: »Bene, te aspecto!« Der Junker begriff sie in seine Arme, gab ihr an die drei Küssekens (so ich nunmehro auch ihme nicht weigern wollte, da ich mit Freuden sahe, wo es hinauslief).

Bei Pudagla, zwischen Achterwasser und Schäfermoor, Schmollensee und Teufelsstein, gehen auch heute noch bemerkenswerte Dinge vor sich. Teichrohrsänger flüstern uns ihr Geheimnis ins Ohr. Lachmöwen und Krickenten kichern im Schilf. Der Rote Milan kreist über dem Thurbruch, wo die Pommernherzöge einst nach Wölfen, Bären und Schwarzwild jagten und jetzt ein Lufthauch die Buschwindröschen wiegt. Verwunschene Welt. Birkenalleen führen zu einsamen Bauernhäusern. Marktflecken schmiegen sich ins sanfte Hügelland. Ein Hündchen kläfft. Ein Hoftor wird geöffnet. Am ehemaligen Kloster der Prämonstratensermönche und späteren Witwensitz des Pudaglaer Landadels begrüßt uns der örtliche Seniorenclub. Ja, eine Fahrt in den Spreewald wolle man demnächst unternehmen, bevor die Zeit der herbstlichen Pilzsuche und des winterlichen Seemannsgarns anbreche. Gewiß doch, früher habe mal ein Ritter aus Mellenthin einen unterirdischen Gang nach Pudagla graben lassen, um eine junge Nonne zu entführen; aber das ist eine andere Geschichte. Morgen abend werden wir nach Polen fahren. Den bequemsten Grenzübergang von Ahlbeck nach Świnoujście, werden wir nicht nehmen können; er ist bis auf weiteres nur für Fußgänger offen. Geteilte Insel. Spätes Erbe des Krieges.

Exkurs: Peenemünde

Wiege der Raumfahrt

Versteckt im Kiefernwald: Die Heeresversuchsanstalt.

__________ Stacheldraht schützt Kiefernwald. Wachtürme schirmen Geheimnisträger ab. Gar nicht lang ist das her und alles noch zu sehen. Wir fahren durch munitionsverseuchtes Gelände, Betreten verboten. Kreuzen die Reihenhaussiedlung von Karlshagen, wo erst mondsüchtige Wissenschaftler und dann hochdekorierte Volksarmisten gewohnt haben. Sind im falschen Film. Reden mal wieder über den Krieg. Dann erreichen wir Peenemünde, am nordwestlichen Zipfel der Insel Usedom gelegen, und betreten den »Geburtsort der Raumfahrt«. Cheeseburger und Fischbrötchen sind vor uns eingetroffen. Auch ältere Herren von schlagenden Verbindungen sind mit ondulierten Damen am Arm schon da. Sie knipsen die Damen vor dem »Kirschkern«, der ersten sogenannten Vergeltungsrakete des Hitler-Regimes, oder bei Kaffee und Kuchen im noppengepolsterten »Feldsalonwagen«, den später die Generäle der DDR-eigenen Volksarmee zur Entspannung aufsuchten. J. sagt, ich werde verrückt. H. sagt, mal langsam.

Im August 1936 wird in Peenemünde mit dem Bau einer Heeresversuchsanstalt und Luftwaffenerprobungsstelle samt Werkstätten, Wohnsiedlung und Kasino begonnen. Die Bauleiter heißen Albert Speer, Erwin Maß, Heinrich Lübke. Mit der Entwicklung von automatisch gesteuerten Großraketen werden der 24jährige Wernher von Braun sowie hunderte von Wissenschaftlern und Ingenieuren betraut. Sie sind von ihrem Auftrag besessen. Sie träumen vom Weltraum. Wenige Jahre später ist der Traum von der vermeintlich wertfreien Forschung ausgeträumt, wird die erste Raketenwaffe der Welt gezündet. Ein Fehlschlag. Aber an der A4/ V2 wird weiter auf Hochtouren gearbeitet. Die Wissenschaftler stehen unter

Erfolgsdruck. Hitler will zum Vernichtungsschlag ausholen. Zwangsarbeiter und KZ-Häftlinge werden rekrutiert, die Serienproduktion von Fernraketen beginnt. Sie werden an die Westfront transportiert und gegen London, Antwerpen, Paris abgeschossen. Tausende sterben.

Aber der Krieg geht dem Ende entgegen. Sowjetische Soldaten erreichen Usedom. Die US-Army nimmt mehr als 100 V2-Raketen als Kriegsbeute mit nach Hause. Auch Wernher von Braun nimmt sie vorsorglich mit. Die Nationale Volksarmee besetzt das Gelände für ihre Seestreitkräfte und Marinegeschwader. Peenemünde wird zum militärischen Sperrgebiet, Hochsicherheitstrakt für die Flottenbasis-Ost, Zone der Spionageabwehr. James Bond läßt grüßen. Bis zur deutsch-deutschen Wende. 1991 ist auf dem Gelände das »Historisch-technische Informationszentrum« eröffnet worden, samt »Kinderspielplatz für die kleinen Rangen«. »Einheimische Unternehmen bieten an ihren Kiosken Souvenirs und kleine Gaumenfreuden an«, entnehmen wir dem »Peenemünder Heimatboten«. Raketen namens »Wasserfall« oder »Himmel und Hölle« lagern auf der grünen Wiese. Rückschlag-, Hochdruck- und Ablaufventile sind im Museum, dem einstigen Start- und Kontrollzentrum, zu besichtigen, dort steht auch der Schreibtisch vom Chef. An den Wänden: Fotografien der Insel-Familie, Wernher von Braun mit Sekretärin, Generalmajor Dornberger beim fröhlichen Umtrunk, technische Zeichnerinnen in blütenweißen Blusen. Und während gutgelaunte Urlauber an der Ausflugsreederei im nahen Hafen auf eine Dampferfahrt warten, steigen ein paar Berliner Bengel in die Fähnrichskammern des Raketenschiffs »Tarantel I« hinab. Sie kennen sich aus an Bord. In ihrem Computerspiel sieht es ganz genauso aus.

Ruth Kraft ist eine attraktive junge Frau gewesen. Im Sommer 1942 entstand in Peenemünde ein Bild von ihr. Vielleicht hat es Hans Tiefenbach, der Physiker, aufgenommen, er hat sie ja geliebt. Ruth Kraft war auf der Insel, damals. Die Insel brauchte Arbeitskräfte, weibliche zumal, die mit scharf gespitztem Bleistift Kurven auf Millimeterpapier eintragen oder Meßreihen im Windkanal auswerten konnten. »Kriegshilfsdienstmaiden« wurden nach Peenemünde verpflichtet, mit Seeluft, Strandleben und Wassersport durchaus eine Alternative zur Munitionsfabrik oder Feldarbeit. Der Krieg schien weit entfernt. Gewiß, auf Usedom wurde sein Koordinatensystem entwickelt, aber geschah dies nicht im Dienst der Wissenschaft? Gewiß, hier flog die erste Kriegsrakete gen Himmel, aber war das nicht fast ein sportliches Ereignis, vergleichbar den Segeltörns und Ruderregatten am freien Wochenende? Die Liebe schließlich, der kleine Flirt, die ungezwungenen Manieren der studierten Belegschaft – machten sie Peenemünde nicht nachgerade zur Insel der Seligen im tosenden Meer? Bis zum bösen Erwachen. Ruth Kraft hat mit ihren Erinnerungen Ende der fünfziger Jahre in der ehemaligen DDR auf Anhieb einen Bestseller gelandet. Das Buch wurde 23mal wiederaufgelegt. Vor allem Frauen haben sich darum gerissen.

> An einem klaren Herbsttag sahen alle, die in der Versuchsstelle Insel arbeiteten, das Produkt ihrer jahrelangen, mehr oder minder intensiven Bemühungen in die Ionosphäre steigen. A 4 flog; zum erstenmal ohne Zwischenfall. Vor der letzten Überprüfung des Flugkörpers hatte der General noch einmal an den Stab der Hauptverantwortlichen appelliert: »Meine Herren, der Ausgang dieses Starts wird für das Schicksal der gesamten Versuchsstelle von großer Bedeutung sein. Wenn er nicht gelingt, haben wir im Waffenamt – und an höherer Stelle erst recht – unseren Kredit verloren. Projekt A 4 kann von heute auf morgen aus der Liste der kriegsentscheidenden Waffen gestrichen werden. Das bedeutet Wegfall der höchsten Dringlichkeitsstufe, Wegfall vieler UK-Stellungen, Kleinkampf um jedes Gramm Material. Set-

zen Sie alle Kraft daran, die Minute X gut vorzubereiten. Der Reichsmarschall wird dem Startversuch beiwohnen.« Die flachen Dächer der Werkstätten wurden an diesem Tage zu Logenplätzen. Traude Hörselmann war an Klemts Seite. Eva traf sich mit Marlies auf dem Sandhügel unweit des Windkanalgebäudes. Sie gehörten zur Masse derer, die da oben keinen Zutritt fanden. Der Soldat Axe machte sich den Wirbel des merkwürdigen Tages zunutze und suchte Marlies. Seit er ihre Einladung zu dem Hüttenfest abgelehnt hatte, waren sie nicht mehr zusammen gewesen. In einer Gruppe wurden Wetten abgeschlossen. »Das Ding fliegt doch wieder nicht.« – »Wenn's nicht hinhaut, bist du mit schuld«, spottete Versuchsingenieur Immisch. »Die *gläubigen* Herzen sind es, die den Sieg erringen.« …
Immisch zog die Uhr. »Gleich müßte sich der Kommandobunker melden.« Schon knackte es im Lautsprecher. Eine Stimme verkündete: »X minus drei. – Zeit läuft.« Immisch fuhr sich durchs Haar. »Die Steuerkreisel laufen schon. Verdammt noch mal, warum kann man jetzt die Zigarre nicht stehen sehen – frei auf ihrem Starttisch.«
»X minus zwei. – Zeit läuft.« Einige Nachzügler erklommen eilig den Sandhügel.
»X minus eins. – Zeit läuft.« Die Menschen hielten den Atem an. Eine Rauchpatrone stieg in die Luft.

Dann verlassen die Ratten das sinkende Schiff. An Deck tanzen noch die Puppen. Thomas Pynchon, US-Schriftsteller, Nabokov-Schüler, breitet ein Szenario des Irrsinns, der Lebenswut und des Kollaps vor uns aus. Slothrop, sein Held, soll in amerikanischem Auftrag die deutsche Raketentechnik ausspionieren, ist verstrickt in die Kriegs- und Nachkriegswirren im untergehenden Abendland und gerät vor Peenemünde auf die »Anubis«, einen Vergnügungsdampfer der besonderen Art. Wir aber schließen für diesmal das traurige Kapitel.

Świnoujście/Swinemünde

Perle der Ostsee

Major Crampas, Damenmann, am Strand mit Effi.

———— Der alte Mann ist ein geduldiger Prophet. Mit dem Fahrrad rollt er langsam über das Kopfsteinpflaster dieses winzigen Dorfes am Rande der Welt auf uns zu, als wir gerade die mit bunten Bändern geschmückte Muttergottes an der Weggabelung fotografieren wollen. Er spricht uns auf deutsch an, erkundigt sich umständlich nach woher und wohin, spuckt durch die Zahnlücke, kommt schließlich zur Sache. »Der Kommunismus geht vorbei«, habe er immer gesagt, »und bitte sehr, er ist vorbeigegangen.« Wir schweigen zu dritt und sinnen der Bedeutung seiner Worte nach. Ein Straßenköter hebt das Bein zu Füßen der Madonna. »Schscht«, macht der alte Mann und nimmt den Faden wieder auf. Jetzt zu den Feiertagen werden ja die Verwandten aus Frankfurt/Oder mit ihrem neuen Opel-Kadett eintrudeln, um sich, wie alle Jahre, eine fette Gans abzuholen, der Schwippschwager also nebst Gattin, die früher stets fragte: »Was müßt ihr hier nur soviel streiken?« Da hat der alte Mann, der seine Heimat liebt, ein ums andere Mal geantwortet: »Wir Polen müssen soviel streiken, damit es uns besser geht.« Und ist es denn besser geworden? »Das dauert«, sagt er, »das dauert, nu jo.«

Wir hatten, von Mecklenburg kommend, schon reichlich Gelegenheit, über die Früchte des untergegangenen Systems und die Vorboten der freien Marktwirtschaft nachzudenken. Bei Wolgast und bei Pasewalk waren uns mal wieder die einst so geschätzten Betonplattensilos aufgefallen sowie die Fitneßcenter, Autohäuser, Getränkemärkte und Videotheken an den Ausfallstraßen. Auf der wohlhabenden Seite der zweigeteilten Insel Usedom machte uns ein umtriebiger Hoteldirektor mit seinen Lebensplänen und den rechtzeitig zu den nächsten Sommerferien fertiggestellten Kachelbädern bekannt. Hinter Ahlbeck sahen wir den kleinen deutsch-polnischen Grenzverkehr: Menschenkarawanen mit schweren Rucksäcken und prallen Plastiktüten kehrten zu Fuß nach Świnoujście zurück; im Westen waren Billigheimer eingetroffen, Schonbezüge aus Kunstfell, Pullover aus Acryl, Tinnef aus Taiwan. Der Himmel war grau. Regen fiel auf Gerechte und Ungerechte. Wir sprachen über das Ost-West-Gefälle, das jenem zwischen Nord und Süd in nichts nachzustehen scheint, und über Europa. Dann fuhren wir nach Pommern, satt, wie wir waren, und voller Sehnsucht nach der Stille der Ostsee in der Nebensaison.

Die Namen klingen noch, nicht nur in den Ohren der Alten. Maikäfer, flieg! Nach Swinemünde zum Beispiel, einst »Perle der Ostsee« und in zweieinhalb Stunden mit dem Eilzug von Berlin aus erreichbar; nach Misdroy, mondänes Kurbad der Vorkriegszeit; nach Rügenwalde, der Teewurst und der Spickbrüste wegen; für Stolper Jungchen nach Stolp, lassen wir das. Pommernland ist abgebrannt. Die deutschen Junker, die von Lehndorf, Krockow, Tesmar, Zitzewitz, sind vertrieben, Ukrainer und Südpolen zwangsweise an die Bernsteinküste umgesiedelt worden. Ein halbes Menschenleben ist das schon her, aber Zeit wird zum relativen Begriff bei einer Reise durch Polen. Wir werden Dörfer sehen, die sich seit hundert Jahren unverändert in die Dünenlandschaft ducken, und Städte, denen erst die Bomben und dann die Planwirtschaft jegliche Anmut ausgetrieben haben. Und wir werden einen Blick in die Zukunft werfen, die mit der Wende begonnen hat.

Was hatte man uns zu Hause gesagt? In Polen versteht jeder deutsch, die Hotelbetten sind kalt, die Männer trinken zuviel, und alle machen einen Kniefall vor der D-Mark. Mindestens für Świnoujście/Swinemünde läßt sich festhalten: Wir redeten mit Händen und Füßen, hatten nach Einbruch der Dunkelheit keine geringe Mühe, an Złoty zu kommen, rissen in der einzigen geöffneten Herberge am Platze die Fenster auf, weil die Heizung nicht abzustellen war, und trafen in der 45 000 Einwohner zählenden Stadt gegen 20.30 Uhr in einer rosa illuminierten Stehbierkneipe auf einen angeheiterten Rentner, der sich zu Handküssen für eine Dame mittleren Alters hinreißen ließ. Wir unsererseits ließen die Bilder des Tages Revue passieren – die Parade der Gartenzwerge und das Meer der Grablichter auf dem Markt an der Grenze bei Szczecin/Stettin, den Transport der Schrottautos von West nach Ost, das feierabendliche Tanzvergnügen im Betriebserholungsheim am Meer – und nahmen den ersten Wodka zur Brust.

Ein blauer Morgen begrüßt uns. Der Wind hat über Nacht die bleischweren Wolken verjagt. Das Wetter wechselt schnell an der Küste. Drei Dutzend Schwäne schaukeln auf dem Wasser wie eine friedliche Flotte. Möwen kreisen über dem »Pensjonat Mewa«, als ob sie auf Frühstücksbrötchen warten. Im Hafen, wo die Swine die offene See erreicht, werden die Leinen von Kuttern und Jollen losgemacht. Ein sonniger Tag kündigt sich an. Der Duft von Kaffee zieht aus der »Kawiarnia«, die es beim letzten Besuch noch nicht gab. Das »Muzeum Rybołówstwa«, gleich um die Ecke, zeigt Riesenmuscheln und Seehunde. Und alte Stadtansichten, Spuren von früher. Hier, wo die Reihe stattlicher Handelshäuser gestanden hat, oder dort, wo ein Kirchturm die Dächer überragt und jetzt der »Plac Wolności« ziellos ins Kraut schießt, könnte einmal die himmelblau getünchte Adler-Apotheke des Louis Henri Fontane gewesen sein.

Von Ruppin aus ist er am Johannistage 1827 mit seinen vier Kindern, darunter der achtjährige Theodor, nach Swinemünde aufgebrochen, um mal wieder das Glück herauszufordern und ein Haus einzurichten. Bis zur Ankunft der Gattin, die in Berlin bei heißer Schokolade und gerösteten Korianderbiskuits die strapazierten Nerven kuriert, soll alles fertig sein: der Salon mit dem quittegelben Moirésofa und den

Mahagonimöbeln im Schinkelstil, das kleine Wohnzimmer mit den Pastellbildern, auf denen Tauben und Kaninchen junge Musen umschwärmen, das Laboratorium mit Destillierapparaten, Mikroskopen und Pulverwaagen, wie für die Faustsche Alchimie gemacht. Das Haus ist geräumig. Es hat vor allem eine Himmelsschaukel in einem verwunschenen Garten. Und es hat einen Dachboden, wo zwischen Verschlägen, Schornsteinen und Schwalbennestern jenes Rad aufbewahrt wird, mit dem der Schäfermörder Hannacher einst ins Jenseits befördert worden sein soll. So tuschelt jedenfalls der Kutscher Ehm dem kleinen Theodor ins Ohr.

Am Abend, wo wir ankamen, hatte ich einen wenig günstigen Eindruck von unserm Hause gehabt; es war mir recht häßlich, und als dann der Mond in die Fenster schien, auch sogar etwas unheimlich vorgekommen. Mit diesem Unheimlichen, wie sich bald herausstellte, hatte es denn auch seine Richtigkeit, wenigstens in dem Glauben der Dienstleute. Wenn es nachts auf dem Boden über uns unruhig wurde, hieß es: »De oll Geisler geiht wedder ümm« oder auch wohl »He kuckt wedder in all sien' Kisten und Kasten«, und wirklich, man hörte deutlich, wie die Deckel der großen Kräuterkisten auf und wieder zugeschlagen wurden. »Das sind die Katzen«, erklärte später mein Vater, aber ich war mit dieser Auslegung nie recht zufrieden und hielt mit Vorliebe zu dem Satze: »De oll Geisler geiht wedder ümm.« Von diesem allen hatte ich, um es zu wiederholen, gleich am ersten Abend ein unbestimmtes, mich eine Weile gruselig machendes Gefühl, das noch wuchs, als der vor meiner Schlafkammer stehende Kirschbaum leise die Scheiben streifte. Aber müde von der Reise schlief ich trotzdem ein und erschien am andern Morgen wohlgemut in der noch leeren Wohnstube meines Vaters. Hier, auf Schemeln und Küchenstühlen sitzend (denn mit Ausnahme der Betten war noch nichts ausgepackt), nahmen wir gemeinschaftlich das Frühstück, mein Vater in bester Stimmung. Als wir, es währte nicht lange, damit fertig waren, nahm er mich bei der Hand und sagte: »Nun komm, mein Junge; die andern sind noch zu klein, aber du bist schon verständig, und da wollen wir uns denn die Sache mal ansehen. Als ich Weihnachten hier war, war es so kalt, du weißt, daß der Kognak einfror, und da war denn an Inspektion nicht zu denken. Ein bißchen habe ich die Katze im Sack gekauft. Aber das tut nichts, alles im Leben bleibt unsicher, und die Geschäftsbücher stimmten.« …

Das Haus, zumal die eigentlichen Wohnräume, waren das mindeste zu sagen, anfechtbar; entzückend aber waren Hof und Garten.

Ja, dieser Hof! An drei Seiten war er von allerhand Baulichkeiten eingefaßt; an der vierten aber zog sich ein mit Eisenspitzen besetzter hoher Bretterzaun hin, an dem entlang und in Höhe noch weit über ihn hinauswachsend, prächtiges Buchenklafterholz dicht aufgeschichtet lag, ein Anblick, der mich bei meiner Spiel- und Kletterlust gleich im ersten Augenblick erkennen ließ: hier ist's gut sein. Und was von dem Hofe galt, galt auch, und womöglich noch gesteigert, von dem in einem rechten Winkel angelegten, also einen Knick machenden Garten, der durch ebendiesen Knick aus zwei gleich großen Teilen bestand. Die erste Hälfte, mit Reseda- und Ritterspornbeeten, mit Rabatten und Rondells und nicht zum letzten mit allerhand am Spalier gezogenen Obstarten besetzt, war ein richtiger Garten, während die zweite Hälfte mehr einer Wildnis glich. Aber freilich einer sehr malerischen. An ein paar schon vom Winde gebeugten und deshalb schrägstehenden und die verwunderlichsten Linien aufweisenden Zäunen entlang zogen sich hier die Himbeer- und Johannisbeersträucher in geradezu wuchernden Massen, bis ganz zuletzt ein schon auf Nachbars Seite stehender und an Größe fast einem Baume gleichender Berberitzenstrauch seine mit den prächtigsten roten Früchten überdeckten Zweige herüberreichte. Diese zweite Gartenhälfte war unser Reich. Da spielten wir halbe Tage lang und legten Burgen an oder turnten am Reck oder brachen Planken aus dem Zaun und zogen auf Raub in die Nachbargärten. Schöner aber als alles das war, für mich wenigstens, eine zwischen zwei Holzpfeilern angebrachte, ziemlich baufällige Schaukel. Der querüberliegende Balken fing schon an morsch zu werden, und die Haken, an denen das Gestell hing, saßen nicht allzu fest mehr. Und doch konnt' ich gerade von dieser Stelle nicht los und setzte meine Ehre darin, durch abwechselnd tiefes Kniebeugen und elastisches Wiederemporschnellen die Schaukel derartig in Gang zu bringen, daß sie mit ihren senkrechten Seitenbalken zuletzt in eine fast horizontale Lage kam. Dabei quietschten die rostigen Haken, und alles drohte zusammenzubrechen. Aber das gerade war die Lust; denn es erfüllte mich mit dem wonnigen und allein das Leben bedeutenden Gefühle: dich trägt dein Glück.

Effi läßt grüßen. Auch die liebenswerte, übermütige und phantasiebegabte Tochter des alten Briest trug ihr Glück, achtzehn Jahre lang. Sorglos war sie aufgewachsen im heiteren Herrenhaus Hohen-Cremmen bei Berlin, behütet, aber nicht in Konventionen gezwängt, gesittet und doch frei im Geist. Am Teich unter den Platanen stand ihre Schaukel, mit der sie sich in die Lüfte schwang, sofern sie nicht mit Hulda und Hertha, den Nachbarskindern, zwischen Ligusterhecken und Rhabarberstauden um die Wette rannte oder die Avancen von Vetter Dagobert mit keckem Spott zurückwies. Abends, wenn sie erhitzt von Spiel und Flirt zum Diner kam, haben sich die Eltern schon mal gefragt, ob sie ihrem einzigen Kind aus zärtlicher Zuneigung nicht zu lange Zügel ließen und ob da nicht einer gewissen Veranlagung zum Leichtsinn Vorschub geleistet werde. »Das ist ein weites Feld, Luise«, hat Briest darauf immer zum Abschluß gesagt.

Dann hat Effi nach Hinterpommern geheiratet. Baron von Innstetten war ein Mann mit Grundsätzen, rechtschaffen, ehrgeizig, treu, auch seinem Landesvater gegenüber. In ein Haus am Meer holte er seine sehr junge Frau, nach Swinemünde alias Kessin, seinerzeit ein Provinznest. Das Haus fiel freilich aus dem Rahmen mit seinen prächtigen Wandschränken, der schweren Balkendecke und den Seestücken in Öl. Aber da hing auch ein ausgestopfter Haifisch im Dämmerlicht der Diele. Vom Dachboden hörte man des Nachts schleppende Schritte. Und auf dem Kirchhof nebenan lag sonderbarerweise ein Chinese begraben, der bei Vollmond vielleicht manchmal spukte. Landrat Innstetten hat es Effi erzählt und gleich hinzugefügt, daß das nicht wahr sei. Der brave Innstetten, mit seinem Hang zum Pädagogischen. Die kleine Effi, mit ihrem hochfliegenden Herzen. Ein weites Feld, das nun Major Crampas, ein Damenmann von zweifelhaftem Ruf, geistreicher Rede und unwiderstehlichem Charme, betritt.

> Um die festgesetzte Stunde ritt Crampas vor dem landrätlichen Hause vor; Kruse hielt schon das Pferd der gnädigen Frau, die sich rasch in den Sattel hob und noch im Aufsteigen Innstetten entschuldigte, der nun doch verhindert sei: letzte Nacht wieder großes Feuer in Morgenitz – das dritte seit drei Wochen, also angelegt –, da habe er hingemußt, sehr zu seinem Leidwesen, denn er habe sich auf diesen Ausritt, der wohl der letzte in diesem Herbste sein werde, wirklich gefreut.
> Crampas sprach sein Bedauern aus, vielleicht nur, um was zu sagen, vielleicht aber auch aufrichtig, denn so rücksichtslos er im Punkte chevaleresker Liebesabenteuer war, so sehr war er auch wieder guter Kamerad. Natürlich, alles ganz oberflächlich. Einem Freunde helfen und

fünf Minuten später ihn betrügen, waren Dinge, die sich mit seinem Ehrbegriffe sehr wohl vertrugen. Er tat das eine und das andere mit unglaublicher Bonhomie.

Der Ritt ging wie gewöhnlich durch die Plantage hin. Rollo war wieder vorauf, dann kamen Crampas und Effi, dann Kruse. Knut fehlte.

»Wo haben Sie Knut gelassen?«

»Er hat einen Ziegenpeter.«

»Merkwürdig«, lachte Effi. »Eigentlich sah er schon immer so aus.«

»Sehr richtig. Aber Sie sollten ihn jetzt sehen! Oder doch lieber nicht. Denn Ziegenpeter ist ansteckend, schon bloß durch Anblick.«

»Glaub' ich nicht.«

»Junge Frauen glauben vieles nicht.«

»Und dann glauben sie wieder vieles, was sie besser nicht glaubten.«

»An meine Adresse?«

»Nein.«

»Schade.«

»Wie dies ›schade‹ Sie kleidet. Ich glaube wirklich, Major, Sie hielten es für ganz in der Ordnung, wenn ich Ihnen eine Liebeserklärung machte.«

»So weit will ich nicht gehen. Aber ich möchte den sehen, der sich dergleichen nicht wünschte. Gedanken und Wünsche sind zollfrei.«

»Das fragt sich. Und dann ist doch immer noch ein Unterschied zwischen Gedanken und Wünschen. Gedanken sind in der Regel etwas, das noch im Hintergrunde liegt, Wünsche aber liegen meist schon auf der Lippe.«

»Nur nicht gerade *diesen* Vergleich.«

»Ach, Crampas, Sie sind … Sie sind …«

»Ein Narr.«

»Nein. Auch darin übertreiben Sie wieder. Aber Sie sind etwas anderes. In Hohen-Cremmen sagten wir immer, und ich mit, das Eitelste, was es gäbe, das sei ein Husarenfähnrich von achtzehn ...«

»Und jetzt?«

»Und jetzt sag' ich, das Eitelste, was es gibt, ist ein Landwehrbezirksmajor von zweiundvierzig.«

»... Wobei die zwei Jahre, die Sie mir gnädigst erlassen, alles wieder gutmachen, – küss' die Hand.«

»Ja, küss' die Hand. Das ist so recht das Wort, das für Sie paßt. Das ist wienerisch. Und die Wiener, die hab' ich kennen gelernt in Karlsbad, vor vier Jahren, wo sie mir vierzehnjährigem Dinge den Hof machten. Was ich da alles gehört habe!«

»Gewiß nicht mehr als recht war.«

»Wenn das zuträfe, wäre das, was mir schmeicheln soll, ziemlich ungezogen ... Aber sehen Sie da die Bojen, wie die schwimmen und tanzen. Die kleinen roten Fahnen sind eingezogen. Immer, wenn ich diesen Sommer die paar Mal, wo ich mich bis an den Strand hinauswagte, die roten Fahnen sah, sagt ich mir: da liegt Vineta, da *muß* es liegen, das sind die Turmspitzen ...«

»Das macht, weil Sie das Heinesche Gedicht kennen.«

»Welches?«

»Nun, das von Vineta.«

»Nein, das kenne ich nicht; ich kenne überhaupt nur wenig. Leider.«

»Und haben doch Gieshübler und den Journalzirkel! Übrigens hat Heine dem Gedicht einen anderen Namen gegeben, ich glaube ›Seegespenst‹ oder so ähnlich. Aber Vineta hat er gemeint. Und er selber – verzeihen Sie, wenn ich Ihnen so ohne weiteres den Inhalt hier wiedergebe –, der Dichter also, während er die Stelle passiert, liegt auf einem Schiffsdeck und sieht hinunter und sieht da schmale, mittelalterliche Straßen und trippelnde Frauen in Kapotthüten, und alle haben ein Gesangbuch in Händen und wollen zur Kirche, und alle Glocken läuten. Und als er das hört, da faßt ihn eine Sehnsucht, auch mit in die Kirche zu gehen, wenn auch bloß um der Kapotthüte willen, und vor Verlangen schreit er auf und will sich hinunterstürzen. Aber im selben Augenblicke packt ihn der Kapitän am Bein und ruft ihm zu ›Doktor, sind Sie des Teufels?‹«

»Das ist ja allerliebst. Das möcht' ich lesen. Ist es lang?«

»Nein, es ist eigentlich kurz, etwas länger als ›Du hast Diamanten und Perlen‹ oder ›Deine weichen Lilienfinger‹ …«, und er berührte leise ihre Hand. »Aber lang oder kurz, welche Schilderungskraft, welche Anschaulichkeit! Er ist mein Lieblingsdichter, und ich kann ihn auswendig, sowenig ich mir sonst, trotz gelegentlich eigener Versündigungen, aus der Dichterei mache. Bei Heine liegt es aber anders: alles ist Leben, und vor allem versteht er sich auf die Liebe, die doch die Hauptsache bleibt. Er ist übrigens nicht einseitig darin …«

Den Stadtpark von Świnoujście/Swinemünde hat Peter Lenné angelegt, ein weitläufiges Arrangement aus Bäumen und Sträuchern nach englischem Vorbild. Am Rande: behäbige Gründerzeitvillen, Zeugen einer anderen Weltordnung. Im Hintergrund: die Ostsee, sehnsuchtsvoll weit. Dazwischen: ein langes, schmales Waldstück mit dichtem Unterholz und verschlungenen Wegen, mit einem Wasserturm und einer Schutzhütte, verschwiegener Unterschlupf, geheimes Versteck. »Plantage« heißt dieser Streifen ungebändigter Natur seit jeher im Volksmund. Ein Radfahrer kämpft sich durch den Wildwuchs. Ein Pensionär entläßt seinen Hund ins Gebüsch. Eine Schulklasse spaziert in Zweierreihen zur weißen Mühle unten auf der Mole. Da war Effi auch oft, bevor das Verhängnis seinen Lauf nahm. Wir müssen zur Autofähre, die uns wieder auf das polnische Festland bringt. Und wieder in die Wirklichkeit zurück. Wirklich, unwirklich?
Ach, Briest.

☛ *Międzyzdroje/Misdroy und Kamień Pomorski/Cammin*

Zeitreise

Wo auf jedem Schornstein ein Storchennest thront: Polnische Impressionen.

__________ Immer wieder wird es erzählt von alten Berlinern, auch von Verwandten aus dem Riesengebirge: Międzyzdroje/Misdroy ist einst ein elegantes Seebad gewesen, grad gut genug für Kaiser und Minister samt Damen, nichts für Glasbläser, Herrenschneider und kleine Beamte. Dankenswerterweise darf Otto Normalverbraucher sich nunmehr gleichfalls auf der Uferpromenade ergehen und über Vergangenheit und Zukunft der schönen Villen spekulieren, die zwischenzeitlich »Energia I« bis »Energia XIV« heißen und Patina angesetzt haben. Kioske sind unter Bäumen aufgebaut und bieten Piwo, Wódki und Szaszłyki an. Dies wird ein verlängertes Wochenende mit einem Feiertag außer der Reihe. Großfamilien aus Ost und West sind wie die Heuschrecken eingefallen. Selbst das »Amber Baltic«, das unter österreichischer Regie mit vier Sternen in den Himmel über der pommerschen Bucht strahlt, ist ausgebucht. Polnische wie deutsche Kinder wuseln um das Mittagsbufett, greifen noch einmal bei der Ungarischen Torte zu, bringen den Eltern eingelegte Gurken und geräucherten Aal. Im »Wiener Café« wird die Melange mit Schlagobers serviert. Der Hotel-Friseur onduliert die Töchter für den Abend in der Disco. Draußen wartet ein weißer Cadillac mit Chauffeur, falls jemand zum nahen Golfplatz mit 27 Löchern gebracht werden will oder einen Ausflug in den Naturschutzpark Wollin machen möchte, wo Bisons und Seeadler wohnen. Moderne Kontraste.

Wir fahren über Land. Das sagt sich so und nimmt hier Form an. Schnurgerade Chausseen, gesäumt von Jahrhundertbäumen, führen in dieses Land. Endlose Felder verschwimmen im Nebel. Bläulich schimmernde Weiden breiten sich auf sanften Hügeln aus. Binnenseen irrlichtern am Horizont. Rabenkrähen sitzen vielhundertfach auf den Rübenäckern. Der Blick schweift in die Weite bis zu den dunklen Buchen- und Kiefernwäldern, den hellen Birkenhainen, die die Küste vom Oderhaff bis zur Danziger Bucht begleiten, und kehrt in die Nähe zurück: Ein Pferdewagen und zwei Kühe kreuzen die Straße nach Kamień Pomorski/Cammin, der alten Bischofsstadt mit ihrer Backstein-Kathedrale im romanisch-gotischen Stil. Dort schmücken fünf kleine Mädchen den Altar der Schwarzen Madonna mit Schleifen und Blumen. Draußen wird auf einem dieser landestypischen Gemischtwarenmärkte zwischen Schraubenziehern und Unterhemden, Stockfisch und Grünkohl, heißer Tee ausgeschenkt. Rentner wärmen ihre klammen Finger an den Bechern.

Der ehemalige Bischofspalast dient heute als Stadtbibliothek, mag sein, daß da ein Bändchen von Uwe Johnson steht, der in Cammin geboren wurde. Am Rathaus mit seinem jahrhundertealten Satteldach und den jugendstiligen Ornamenten hat ein Bistro eröffnet. Im Stadtturm ist eine »Cocktail Bar« untergeschlüpft. Auch ein kleines Hotel, das »Pod. Muzami«, ging kürzlich in private Hände über, wir wünschen ihm Glück: ein Fachwerkhaus mit einer gemütlichen Gaststube, eine Speisekarte mit Fisch und Frytki, Zimmer mit Aussicht direkt auf den Bodden. Im Sommer findet in Kamień Pomorski das »Internationale Festival für Orgel- und Kammermusik« statt, sogar Amerikaner sollen dann kommen. Jetzt sind wir die einzigen Fremden. Das Städtchen schläft. Der Strand ist verwaist. Wir denken an die verschwenderischen Zeiten, die dem Ort vor Menschengedenken zu Ruhm und Fluch gereichten, und zählen die Wildgänse. Dann treten wir ein in den Zauberkreis. Nils Holgersson nimmt uns mit.

Als Herr Ermenrich sich auf die Erde hinabsinken ließ und anhielt, war es dem Jungen, als sei erst eine unbegreiflich kurze Zeit vergangen; und doch hatte der Storch einen ganz bedeutenden Weg zurückgelegt, denn in demselben Augenblick, wo er den Jungen auf die Erde setzte, sagte er: »Dies ist Pommern. Jetzt bist du in Deutschland, Däumling.« …

Der Junge wollte zuerst einen der Dünenhügel erklettern, um zu sehen, wie das Land dahinter aussehe. Aber kaum hatte er ein paar Schritte gemacht, als er mit der Spitze seines Holzschuhs an etwas Hartes stieß. Er bückte sich, und da sah er auf dem Sande eine kleine, von Grünspan durch und durch zerfressene, dünne Kupfermünze. Sie war so schlecht, daß sie nicht einmal des Aufhebens wert deuchte, und er schleuderte sie mit dem Fuße weg.

Aber als sich der Junge wieder aufrichtete, wie grenzenlos überrascht war er da! Keine zwei Schritte vor ihm erhob sich eine dunkle Mauer mit einem großen turmgekrönten Tor.

Vor einem Augenblick, als er sich nach der Münze bückte, hatte sich das Meer noch glänzend und glitzernd vor ihm ausgebreitet, jetzt aber war es durch eine lange Mauer mit Zinnen und Türmen verdeckt. Und gerade vor dem Jungen, wo vorher nur einige Tangbänke gewesen waren, öffnete sich das große Tor in der Mauer. …

Auf dem Platz vor dem Tor wimmelte es von Menschen. Die Männer trugen lange, pelzverbrämte Mäntel über seidenen Unterkleidern, federngeschmückte Barette saßen ihnen schräg auf dem Scheitel, und über die Brust herunter hingen ihnen wunderschöne Ketten. Alle waren herrlich gekleidet, es hätten lauter Fürsten sein können. Die Frauen trugen spitze Hauben und lange Gewänder mit engen Ärmeln. Sie waren auch prächtig geschmückt, aber ihr Staat konnte sich bei weitem nicht mit dem der Männer messen. …

Er eilte … in die Stadt hinein und kam jetzt auf den großen Marktplatz. Hier lag die Domkirche mit drei hohen Türmen und tiefen, mit steinernen Figuren geschmückten Toren. Die Wände waren mit Bildhauerarbeit so reich verziert, daß auch nicht ein einziger Stein zu sehen war, der nicht seinen Schmuck gehabt hätte. Und welch eine Pracht schimmerte durch das offene Portal heraus! Goldne Kruzifixe, mit vergoldeter Schmiedearbeit verzierte Altäre und Priester in goldnen Meßgewändern! Der Kirche gegenüber stand ein Haus mit Zinnen auf dem Dach und mit einem einzigen schlanken himmelhohen Turm. Das war wohl das Rathaus. Und von der Kirche bis zum Rathaus, rings um den ganzen Markt herum, standen die schönsten Giebelhäuser mit den mannigfaltigsten Verzierungen.
Der Junge hatte sich warm und müde gelaufen; er dachte, er habe nun so ziemlich das Merkwürdigste von der Stadt gesehen, und ging deshalb etwas langsam weiter. Die Straße, in der er eben eingebogen war, das war gewiß die, wo die Stadtbewohner ihre prächtigen Kleider kauften. Die Leute drängten sich vor den kleinen Läden, wo die Kaufleute auf ihren Tischen starre, geblümte Seidenstoffe, dicken Goldbrokat, schillernden Samt, leichte, flockig gewobene seidene Tücher und spinnwebdünne Spitzen ausbreiteten.
Vorher, als der Junge so rasch gelaufen war, hatte niemand auf ihn acht gegeben. Die Leute hatten gewiß geglaubt, es springe nur eine graue Ratte vorbei. Aber jetzt, wo er ganz langsam durch die Straße dahinwandelte, gewahrte ihn einer der Kaufleute, und sogleich begann er ihm zu winken. …
Als der Junge nicht anhielt, sondern weiterging, sprang einer der Kaufleute über seinen Tisch weg, hielt ihn fest und breitete Silberbrokat und in allen Farben schillernde gewebte Tapeten vor ihm aus. Der Junge konnte nicht

anders, als den guten Mann auslachen. Er hätte ihm doch ansehen müssen, daß ein so armer Schlucker wie er keine solchen Waren kaufen konnte. Er blieb stehen und streckte dem Krämer seine beiden leeren Hände hin, um den Leuten zu zeigen, daß er nichts besaß und daß sie ihn in Ruhe lassen sollten.

Da hob der Kaufmann einen Finger auf, nickte ihm zu und schob ihm den ganzen Haufen von herrlichen Waren hin.

»Kann er meinen, er wolle dies alles für ein einziges Geldstück verkaufen?« fragte sich Däumling. …

Sofort lief er in größter Eile die Straße hinunter; und er hatte Glück, denn er kam an dasselbe Tor, durch das er zuerst gegangen war. Er stürzte hinaus und suchte nach der Kupfermünze, die vorhin hier gelegen hatte.

Und richtig, da lag sie; aber als er sie aufgehoben hatte und mit ihr in die Stadt zurückeilen wollte, sah er nur noch das Meer vor sich. Keine Stadtmauer, kein Tor, keine Wächter, keine Straßen, keine Häuser waren mehr zu sehen, nichts, nichts als das Meer!

Vineta, ade; zum Kummer des Däumlings.

Weine nicht, Nils, Pommern verzaubert noch immer, auch wenn längst Hütten die Paläste abgelöst haben. Uralte Bauernhäuser, bisweilen ganz mit Holz verkleidet, kauern unter mächtigen Kastanien, die die schmale Straße nach Osten säumen. Forsythienhecken geben morschen Zäunen Halt. Narzisse und Tulipan sind noch nicht verblüht und schmücken bescheidene Gärten. Geh aus mein Herz und suche Freud. Auf dem Dorfteich schwimmen Enten. Schwalben nisten in den Scheunen. Am Herrgottswinkel schlägt eine junge Nonne das Kreuz. Kommunionskinder, ganz in Weiß, warten an der Bushaltestelle. Ja, ein Autobusy verkehrt mittlerweile zwischen den weit verstreuten Ortschaften. Ansonsten gleicht eine Reise in die polnische Provinz einer Reise in die

Kindheit unserer Eltern. Jeden Sommer wurden sie aufs Land verschickt. Barfuß haben sie die Ziegen übers Katzenkopfpflaster getrieben. In ihre nackten Waden zwickte die immergleiche freche Gans; die hat dann irgendwann der Fuchs geholt. Am Sonntag aber zogen sie Schuhe und Strümpfe an und banden eine saubere Schürze über das Kleid. Die alte Tante Bertha hat noch den Rosenkranz in die Manteltasche gesteckt. Dann war Kirchgang.

Gold des Nordens

Bernsteinskulptur.

> Monoton und naß, mit weißen Spitzenborten gesäumt, klatschten die Wellen gegen den Strand. Schillernde Quallen spuckten sie aus, die im Sande zu blassem Aspik wurden. Raunende Muscheln brachten sie mit und goldgelben Bernstein, worin, wie in gläsernen Särgen, zehntausendjahralte Fliegen und Mücken lagen, winzige Zeugen der Urzeit.

Erich Kästner hat untertrieben. Die Fliegen und Mücken, Farne und Blütenblätter, sogenannte Inklusen, die im Bernstein konserviert sind, legen Zeugnis ab von der abermillionenjährigen Erdgeschichte im Ostseeraum. Schon seit Beginn der Kreidezeit, als subtropische Wälder dort standen, wo heute das Baltische Meer liegt, tropfte Harz von der Bernsteinkiefer auf den Waldboden, umhüllte Tierchen und Pflanzen und erhärtete zu transparentem Gestein. Die Urströme der Eiszeit spülten die kirschkern- oder walnußgroßen Tropfen und Zapfen später in die entstehende See und bisweilen zurück an den Strand; 30, 40 Millionen Jahre ist das her. Wer heute zwischen Stolpmünde und Danzig eine Biene in Bernstein findet, wird sich einerseits wie ein Lottokönig freuen, andererseits vor dem langen Atem der Geschichte erschauern. Aber Inklusen sind rar.

Broschen und Ketten, Armreifen und Ohrringe, Nippes und Tand werden an den Souvenirständen aller polnischen Ostseebäder im Dutzend billiger angeboten: »echt Bernstein«. Die Probe aufs Exempel wird, so oder so, niemand wagen. Bernstein heißt Brennstein; echter Bernstein brennt unter dem Feuerzeug oder Streichholz. Und da stehen wir dann ziemlich ratlos vor der Frage, ob im Dienst der Erkenntnis das möglicherweise kostbare Schmuckstück abzufackeln sei oder ob die Täuschung nicht manchmal auch ihren Reiz hat – nach Begleichen der Rechnung, versteht sich. Die fliegenden Händler lächeln freundlich dazu.

Bernstein aus dem baltischen Raum war begehrt, schon bei Griechen und Römern. Über die »Bernsteinstraßen« wurde das Gold des Nordens nach Süden transportiert. Bernsteinschnitzer fertigten Figürchen, Gefäße und Schmuck daraus an. Im Mittelalter machten Rosenkränze Furore, im Barock dann die kunstvoll gedrechselten Tischleuchter, Kabinettschränkchen und Hausaltäre. Dünne, durchscheinende Bernsteinplättchen wurden mit Blattgold hinterlegt und wie ein Furnier verarbeitet. Auftraggeber waren die Fürstenhöfe, die ganze Räume mit dem schimmernden Material ausstatten ließen. Einer ist weltberühmt und von Rätseln umgeben. Friedrich Wilhelm I., Preußenkönig, machte einst Peter dem Großen, Zar von Rußland, ein teures Geschenk: das »Bernsteinzimmer«, einen über und über mit Schnitzereien und Intarsien verkleideten Ballsaal für den Katharinenpalast bei St. Petersburg. Große Teile des Wandschmucks wurden gegen Ende des Zweiten Weltkrieges in Königsberg von der Wehrmacht versteckt – und nie wieder aufgefunden. Wo ist das »Bernsteinzimmer«?

Von Kołobrzeg/Kolberg nach Gdańsk/Danzig

Stolper Jungchen

Gewitter über dem Weichseldelta.

__________ Jetzt tragen sie wattierte Jacken und dicke Strickmützen, die Urlauber, die von ihren Betrieben ans Meer geschickt wurden und sich auf der Strandpromenade von Kołobrzeg/Kolberg den Wind um die Nase wehen lassen. Die großbürgerlichen Sanatorien aus der Gründerzeit sind in Ferienheime für jedermann umgewandelt worden, neue Massenquartiere für die Werktätigen hinzugekommen. Dem Individualtouristen aus dem Ausland bleiben die Türen einstweilen versperrt. Er wird im ehedem staatlichen Orbis-Hotel absteigen oder in einer der wenigen Pensionen, die ganzjährig geöffnet haben. Anschließend wird er ans Meer spazieren und sich ins Gruppenbild fügen. Die Urlauber füttern die Schwäne, schauen den Zugvögeln nach, erwerben an der Andenken-Bude einen Muschel-Aschenbecher und gehen beizeiten ins Bett. Was sollen sie sonst tun an einem Ort, der die Freuden der Zerstreuung nicht kennt, und die, gäbe es sie denn, doch niemand von ihnen bezahlen könnte? Gewiß, sie erholen sich. Aber an diesem Abend sind wir bedrückt.

So notierten wir es vor wenigen Jahren in unser blaues Reisetagebuch. Jetzt machen wir erneut in Kołobrzeg/Kolberg, der ehedem steinreichen Hansestadt, Station und schlagen das nächste Kapitel auf. Gewiß, 80 Prozent der Altbausubstanz sind im letzten Weltkrieg zerstört worden und unwiederbringlich dahin. Gesichtslose Betonsilos wurden statt dessen hochgezogen, wie überall, wo die Wohnungsnot groß und das Geld knapp war. Aber gleich hinter dem mächtigen, sorgsam restaurierten frühgotischen Dom mit seinen fünf Kirchenschiffen und dem schönen Schnitzwerk ist ein neues Wohn- und Geschäftsviertel entstanden, der einstigen historischen Bebauung nachempfunden und von fast südlichem Flair. Straßencafés haben die ersten Tische aufs Trottoir gestellt. Die internationale Presse hängt am Kiosk. Deutsche Heimwehtouristen lauschen den Worten eines polnischen Fremdenführers und haben nach dem kalten Krieg ihren Frieden mit den veränderten Verhältnissen gemacht. »Ja«, sagt ein alter Mann, »hier hab ich mal gewohnt, da drüben war meine Schule; aber jetzt wohnen andere hier, sind andere Kinder hier unterwegs.«

Dann kommen wir nach Darłowo/Rügenwalde, der kleinen, ehedem bedeutenden Residenzstadt, und reiben uns die Augen. Ist das die neue Zeit, von der wir allenthalben hören? Patrizierhäuser in Resedagrün und Sienagelb stehen an der Fußgängerzone. Blumen hängen von den Fenstersimsen. Die Frauen haben schicke Jacken an. Feinkostläden führen Trauben und Orangen. Parfümerien sind verführerisch dekoriert. Lockenpuppen und Plüschbären bevölkern die Schaufenster der Spielzeuggeschäfte. Die Kirche bekommt ein neues Dach. Betonmischmaschinen drehen sich in jeder zweiten Toreinfahrt. Die Straße zum Hafen wird gerade geteert. Das Heimatmuseum im alten Schloß ist schon fertig und mit pommerschen Barockmöbeln, »Danziger Schränken« und Engeln aus Holz ein Schmuckstück geworden; die Ostsee-Akademie aus Travemünde tagt hier manchmal zum Zwecke der Völkerverständigung und bringt einen Hauch von Welt mit. Letzten Sommer hat ein Fischrestaurant am Meer aufgemacht, kann sein, daß ein weiteres folgt. Braucht denn der Mensch das alles zu seinem Glück? Ja, insbesondere dann, wenn er es bislang entbehren mußte.

Im Hafen von Darłowo wird die Fußgängerbrücke ans Ufer gezogen: Platz für den Hochseefischer, der vollbeladen von See zurück kommt! Schaulustige haben sich eingefunden, die ersten Feriengäste, die sich auf frischen Fisch freuen, lässige Soldaten in Räuberzivil aus der nahen Kaserne. Im Kiefernwäldchen am Strand haben zwei Imbißbuden die Vorsaison eröffnet. Es gibt gebackenen Halibut, appetitlich auf Salat angerichtet, mit Gurken- und Orangenscheiben garniert; die Soldaten nehmen gleich zweimal und nicken uns zu. »Dzień dobry!« – »Do widzenia!« Guten Tag und Adieu. Dann bummeln wir durch stille Straßen zu unserem Pensjonat, wo wir die einzigen Gäste sind. Ein schmuckes Haus aus Holz und Stein, mit Schweizer Balkonen und einer freundlichen Wirtin. Die Betten sind schmal, die Vorhänge braun. Eine Glühbirne beleuchtet das Tischchen, ein Streifen Linoleum bedeckt den Boden, ein Kalender von 1991 hängt an der Wand. Wir bezahlen 50 Deutsche Mark bar auf die Hand und fühlen uns ziemlich weit weg von zu Hause.

Die Heiligen Drei Könige, die auf einem Gemälde im Museum für Mittelpommern in Słupsk/Stolp durch den Schnee stapfen, haben verwegene Gesichter. Der Maler hat sie dem Volk abgeschaut, diesem Volk, das nach der Frühmesse ins Streiklokal geht. Im »Franziskaner«, dem grad renovierten Wirtshaus am Marktplatz, wird politisiert und geflirtet. Lebhafte Männer streiten über die Wechselfälle der Wende und sagen uns, was sie im Durchschnitt verdienen: eine Million alte Złoty, rund 200 Mark im Monat. Junge Mädchen mit kurzgeschnittenem Haar und schwarzgetuschten Wimpern rauchen Westzigaretten. Ein Herr wählt mit dem Handy Warschau an. Der »Franziskaner« hat andere Tage gesehen; unter seiner hölzernen Kassettendecke trafen sich in den dreißiger Jahren die Stolper Platzhirsche zum Auftakt der Jagdsaison, derweil ihre Frauen im nahen Kaufhaus mit dem Jugendstil-Lift in den dritten Stock fuhren, Abteilung feine Wäsche. Das »Dom Towarowy« steht noch immer, das Angebot schwankt, der Aufzug funktioniert. Die »eiserne Gräfin«, Großmutter väterlicherseits des Publizisten Christian Graf von Krockow, tritt uns entgegen; dort, wo sie gewohnt hat, gleich neben dem »Hotel Franciszkanski«, weht übrigens heute die Fahne der Solidarność.

Auf der anderen Seite ein wirklicher Schrecken: die Großmutter, die »die Eiserne« genannt wird. Stocksteif und steinalt ist sie, Jahrgang 1851. Sie sagt: »Komm, mein Kind, wir gehen einkaufen.« Eine Stunde dauert es, Tücher, Stoffe werden entrollt; der halbe Laden gerät aus den Fugen. Dann: »Komm, mein Kind, hier gibt es überhaupt nichts Ordentliches.« Und der schwitzende Ladenbesitzer dienert noch: »Auf Wiedersehen, Frau Gräfin, beehren Sie uns wieder.« Nein, nie, nie wieder. Gottlob handelt es sich um seltene Pflichtbesuche.

Auch das »Metro«, Restaurant an der Hauptstraße, hat eine Vergangenheit: Ostdeutsche, einheimische oder sowjetische Spesenritter verzehrten hier auf purpurroten Polsterbänken vor Wolkenstores aus Perlon Krebsschwänze und Krimsekt, schwangen das Tanzbein und zelebrierten die bürgerliche Lebensart. Wir nehmen Forellen für 6 Mark 50 das Stück und lauschen der Combo, die »As time goes by« anstimmt. Anderntags begegnet uns am Hexenturm hinter dem »Muzeum Pomorza« ein Rentner, den es früher mal, lang vor dem Krieg, in eine Gärtnerei bei Hannover verschlagen hat, weshalb er noch deutsch kann. Von Roggen, Weizen und Kartoffeln spricht er, die für Hinterpommern genauso wichtig gewesen seien wie Zuckerrüben und das liebe Vieh. Er philosophiert über die Probleme der kleinen Ethnien im Osten, ihren Stolz, ihre Starrheit, und zeigt uns sein italienisches Rennrad, mit dem er gleich zum Tennisplatz fahren wird. Wir sind schon seit langem in Polen verliebt. »Küß die Hand«, sagt der Rentner zum Abschied.

In einem Lädchen an der Bahnhofsstraße, der Einkaufsmeile von Słupsk, fragen wir nach »Stolper Jungchen«, einem Camembert, einst Spezialität der Stolper Molkereigenossenschaft, in den zwanziger und dreißiger Jahren millionenfach nach Berlin und anderswohin geliefert. Aber »Stolper Jungchen«, natürlich, gibt es nicht mehr. Dafür gibt es zwischen Jeans und Jacketts, Votivkerzen und Marienbildern, auch bunte Blumen, täuschend echt aus Tüll oder Kunststoff gefertigt und mindestens auf dem Binnenmarkt ganz augenscheinlich ein Renner. Wir wählen rote Nelken, der Symbolik zuliebe, und fahren ins Hinterland: über Ustka/Stolpmünde, das größte Seebad an der polnischen Küste, nach Rowy/Rowe, wo Max Pechstein und Karl Schmidt-Rottluff in den Dünen gemalt haben, und nach Kluki/Klucken, wo Bläßhühner, Haubentaucher und Lachmöwen in Schilf und Binsen nisten und das schönste Freilichtmuseum von Pomorze steht. Dort steigen wir aus.

Ein Bilderbuchdorf aus Urgroßmuttertagen. Holzhäuser mit Reetdächern. Die Gute Stube mit zwei Betten, der Kinderwiege, dem Eßtisch und dem Vertiko. Der Kachelofen zum Kochen und Wärmen. Das »Hauspredigtbuch« von 1820. Der Wandbehang ist mit einem Spruch in deutscher Sprache bestickt: »Wenn auch der Hoffnung letzter Anker bricht/ Verzage nicht.« Eine Schulklasse ist eingetroffen. Die Kinder staunen über den Stampflehmboden und den Rauchfang, den Krauthobel und die Nähmaschine. Für sie sind das alles Relikte aus der Steinzeit. Dabei hat die vormoderne Ordnung in ländlichen Regionen, nicht nur in Pommern, bis weit in unser Jahrhundert das Leben bestimmt. Zwar gab es da schon Dreschmaschinen und Traktoren, aber nach wie vor waren die Menschen abhängig vom Rhythmus der Jahreszeiten, von Klima und Wetter, von der Beschaffenheit des Bodens. Dies galt im Grundsatz für Bauern wie für Gutsherren. Christian Graf von Krockow, der hier in der Gegend auf einem Landgut aufgewachsen ist, hat ein so informatives wie sympathisches Buch darüber geschrieben. Dort erfahren wir zum Beispiel, was einem Gutsarbeiter, einem Deputanten, als Gegenleistung für harte Arbeit zustand:

1. Bargeld im Monat 30 Reichsmark.
2. Freie Wohnung: zwei Zimmer, Vorraum und Küche, zwei Kammern, Heuboden.
3. Der Stall, in dem auf eigene Rechnung gehalten werden durften: zwei Kühe, drei Schweine, vier Schafe, dazu Hühner, Enten und Gänse.
4. Freie Sommerweide für Kühe, Schafe und Gänse auf dem Gutsland.
5. Beim Haus ein Viertel Morgen Gartenland zum Gemüse- oder Kartoffelanbau. (Der Morgen – die bestimmende Maßeinheit – gleich einem Viertel Hektar.)
6. In der Nähe der Wohnung ein halber Morgen Hausland, der nach eigener Wahl bestellt werden konnte.
7. Weiter entfernt ein Morgen Ackerland für den Kartoffelanbau und ein Viertel Morgen für Futterrüben oder Wruken. Hausland und Ackerland wurden vom Gut gepflügt und geeggt. Das Säen, Pflanzen und Ernten war eigene Sache.
8. Ebenfalls weiter entfernt ein Morgen Wiese fürs Heu. Dies mußte mit der Sense selbst gemäht werden.
9. Deputatlieferung pro Jahr: vier Zentner Roggen, ein Zentner Weizen, ein Zentner Schrot, zwei Raummeter Brennholz, zwei Fuder Strauchwerk, zwei Fuder Torf. Stroh nach Bedarf.

Daß man manchmal zusätzlich vom Gut etwas mitgehen ließ – hier etwas Futtergetreide, da den Sack Häcksel, dort ein fürs Schauer gerade passendes Brett –, das war zwar genau genommen Diebstahl. Doch es gehörte dazu, sofern es nicht überhand nahm fast als das Recht, das aus den Umständen und den Gewohnheiten stammt. Wie ein altes Wort es sagte: »Und wenn man gleich oft den Sperlingen ihre Eier wegnimmt, so legen sie doch immer wieder welche und haben Junge; und wenn wir gleich öfters bei der Herrschaft uns nähren, so wird doch unsere Herrschaft reich bleiben und wir werden arm bleiben.«

Nostalgie, das Wort, hat einen bitteren Beigeschmack in Polen, wie immer man's dreht und wendet. Hast du das kaschubische Dorf am Ende der Welt schon vergessen, wo der alte Mann mit der Festtagsgans wohnt? Wo die Strohdächer tief über den Häusern hängen und auf jedem Schornstein ein Storchennest thront. Wo Kühe und Schweine auf ungepflasterten Wegen rumlaufen, Schafe blöken, Hühner gackern, Hunde kläffen. Wo die Frauen schwarze Kopftücher und schwere Körbe tragen. Wo das Leben herb ist – ein Nebenerwerbsbauer, ein Pferd, ein Pflug – und es alle Tage Kohlsuppe und Hafergrütze gibt. Wo ein Kartoffelfeuer in der Dämmerung glimmt und aus dem Kofferradio eines einsamen Gemüsegärtners der Fetzen einer Schlagermelodie herüberweht. Polski-Blues. Polnische Stimmung. Es riecht nach Torf aus dem nahen Moor, nach der See hinter den Dünen. Nächsten Sommer werden dort wieder Familien aus den Ferienkolonien beim Slowinski-Park ihre Strandburgen bauen. Jetzt bleiben nur die Abdrücke unserer Gummistiefel im weißen Sand zurück und die filigranen Fußspuren der Möwen. Wir sammeln zerbrechliche Muscheln und blankgewaschene Kiesel auf und sprechen davon, wie es sein wird, wenn wir wiederkommen.

Bei wolkenlosem Himmel werden wir im offenen Fiat auf einer der baumbestandenen Alleen nach Gdańsk/Danzig fahren. Der Wind wird durch die Kornfelder streichen, und die See wird sich kräuseln. Aber in der Danziger Bucht werden wir nicht baden dürfen, weil Industrieabwässer ins Meer fließen. Was davon bedroht ist – Dorsche, Flundern, Makrelen –, sehen wir in der Markthalle der alten Hafenstadt und im Maritim-Museum unweit der ulica Mariacka, der geheimnisvollsten Straße von Gdańsk. Hier sind die kriegszerstörten Hansehäuser wiederaufgebaut und die »Buddenbrooks« verfilmt worden. Galerien, die mittlerweile alle Kreditkarten akzeptieren, haben sich angesiedelt, Mendele Serafin verkauft Bernstein- und Silberschmuck in seinem Juweliergeschäft im

Souterrain. Draußen, am Kanal, legt die Weiße Flotte in Richtung Sopot/Zoppot ab.

Die Schiffe gleiten an den Raffinierien und Kränen der Danziger Werft vorbei, die früher Lenin-Werft hieß und später einen Mann namens Wałęsa berühmt gemacht hat. Dann halten sie in Sopot an. Eine Mole reicht 500 Meter weit ins Meer. Angler warten da nach Sonnenuntergang auf Beute. Liebespaare küssen sich im Mondschein. In der Ferne glimmen die Lichter von Gdynia/Gdingen. Am Ufer leuchtet das Grandhotel aus der Zeit der Jahrhundertwende. Blasse Damen tragen schwarze Pelze. Später werden sie erhobenen Hauptes ins Spielcasino streben und auf die rote Sieben setzen. Im Speisesaal wird polnische Ente mit Sauerkraut serviert; ein Geschäftsabschluß ist zu feiern oder eine Silberne Hochzeit. Die Zigeunerkapelle spielt ein Herz-Schmerz-Lied dazu. Vergangenheit und Gegenwart verschwimmen. Auch deshalb kommen wir wieder.

Königin der Weichsel

Ulica Mariacka, die geheimnisvollste Straße von Gdańsk.

Wir schreiten durch das Goldene Tor. Wir tragen ein moosgrünes Barett mit einer bunten Fasanenfeder und einen hermelinbesetzten Mantel. Unser Beutel ist voller Dukaten. Ein Wams aus Leder werden wir uns in der Gerbergasse schneidern lassen und in der Kürschnergasse einen Winterpelz. In der Lavendelgasse werden wir uns mit ätherischen Ölen versorgen und in der Goldschmiedegasse mit einem Siegelring; auf einen Taler mehr oder weniger kommt es nicht an. Gut möglich, daß wir in der Zwirngasse noch Maß nehmen lassen für eine dieser neumodischen Rheingrafenhosen und in der Tischlergasse einen Sekretär mit Geheimfach in Auftrag geben. Die Petersilien-, Brauhaus- und Seifengasse hingegen können wir getrost links liegen lassen, wir haben Personal. Auch die Laternen- und die Kohlengasse kümmern uns wenig, das folgt erst später. Aber zwischen der Ersten und der Zweiten Priestergasse wird uns, die wir persönlich in der Junkergasse wohnen, Hochwürden mit dem Finger drohen und an das Gebot der Gerechtigkeit und Nächstenliebe erinnern. Da kommen wir auf den Teppich zurück.

Auf die ulica Długa/ Langgasse also, gleich hinter dem Goldenen Tor zu Gdańsk. Hier sind Kaiser und Könige mitsamt ihrem Hofstaat eingezogen, wenn sie in Danzig waren. Vorbei an der geschlossenen Zeile prächtiger Häuser aus Gotik und Renaissance, am Rathaus aus dem 15. Jahrhundert vorbei und am Artushof von 1350. Jetzt sind wir an der Reihe. Es ist Frühsommer, ein Tag wie Samt und Seide. Die jungen Mädchen zollen ihm diesmal mit festem Schuhwerk und sehr kurzen Röcken Tribut, wie in London, wie in Berlin, und kramen auf den warmen Stufen des Neptunbrunnens in ihren international geschätzten Rucksäcken. Caféhaustische stehen auf der Straße; zwei Damen schwanken zwischen Ice Cream und Erdbeerbecher. Die Patisserie »Royal« verführt mit Teegebäck und Torten. Intarsien aus Perlmutt schmücken die zierliche Spiegelkommode in einem Antiquitätengeschäft. Buchhandlungen haben Bildbände, das Weichseldelta betreffend, und die *Danziger Trilogie* von Günter Grass ins Schaufenster gelegt. Es war nicht immer so, weiß Gott nicht. Die Freie Stadt lag nach dem Krieg in Schutt und Asche. Polen haben sie zu neuem Leben erweckt. Im Museum machen wir uns ein Bild davon.

Eine reich geschnitzte Wendeltreppe, die in die Belle Étage führt. Kassettendecken, mit römischen Allegorien bemalt. Tapeten aus schwerem Damast an den Wänden. Gewaltige Schränke auf feinstem Parkett. Stukkaturen und Blattgold im Überfluß. Wir sind im Rathaus, wo das Stadtmuseum ein Stockwerk besitzt und auch eine Sammlung von Fotografien zur jüngeren Geschichte zeigt. Der Kontrast könnte größer nicht sein. Karl August Groddeck, Bürgermeister im 19. Jahrhundert, schaut ernst aus seinem Bilderrahmen, als sähe er das Unheil voraus: Danzig, dem Erdboden gleichgemacht. Der Krieg kam spät in die Stadt, diesem »Vorposten des Deutschtums im Osten«. Bis 1944 gab es keinen Fliegeralarm. Das Badeleben florierte wie zu Friedenszeiten. Viele wiegten sich im Gefühl von Sicherheit und Normalität. Hatte man sich nicht immer ganz leidlich vertragen? War das nicht alles nur eine Frage der Zeit? Den deutschen Danzigern, sofern sie keine Kommunisten waren, ging es vergleichsweise gut. Den polnischen Danzigern, die sich nicht »germanisieren« lassen wollten, ging es schlechter. Die jüdischen Danziger wurden, wie die deutschen Kommunisten, wie die prinzipientreuen Polen, nach Stutthof deportiert. Dort wurden sie ermordet; es gibt heute keine jüdischen Spuren mehr in Danzig, keine sichtbaren.

Der Wiederaufbau der Stadt wird im Artushof dokumentiert, er selbst legt Zeugnis ab vom erneut erwachsenen Bürgerstolz. Das Kreuzgewölbe ist mit goldenen Sternen übersät. Arkaden sind mit Fresken ausgemalt. Ein blaubunter Renaissance-Kachelofen, zwölf Meter hoch, zeigt die Porträts vornehmer Damen und Herren. Der Artushof, dessen Rekonstruktion vor wenigen Jahren abgeschlossen wurde, soll wieder zum kulturellen und politischen Salon von Gdańsk werden, fast wie im Mittelalter, als Handelsherren und Zunftmeister am Runden Tisch dem Lokalpatriotismus zur Stärkung verhalfen. Prominenz war schon da: Prinz Charles und die Königin von Dänemark, Vaclav Havel und Richard von Weizsäcker. Wir aber nehmen die paar Schritte zur Zeughauspassage, wo der Spielwarenhändler Sigismund Markus an die stattliche Mama eines kleingebliebenen Jungen alle vierzehn Tage eine neue Blechtrommel verkaufte, länger hielten sie bei ihm nicht. Die Mama traf sich alsdann auf ein Stündchen mit einem gewissen Jan Bronski in einem verschwiegenen Hotel. Der kleine Oskar flitzte unterdessen zum Stockturm rüber, um eine Schandtat auszuhecken. Erinnern Sie sich?

Ich weiß nicht, wie hoch der Stockturm war und noch ist, denn er überdauerte den Krieg. Auch habe ich keine Lust, meinen Pfleger Bruno um ein Nachschlagewerk über ostdeutsche Backsteingotik zu bitten. Ich schätze, er wird bis zur Turmspitze gut und gerne seine fünfundvierzig Meter gehabt haben.
Ich, und das lag an der schnell ermüdenden Wendeltreppe, hatte auf einer Galerie haltmachen müssen, die den Turmhelm umlief. Ich setzte mich, schob die Beine zwischen die Säulchen der Balustrade, beugte mich vor und blickte an einer Säule, die ich mit dem rechten Arm umklammert hielt, vorbei und hinunter auf den Kohlenmarkt, während ich mich links meiner Trommel vergewisserte, die den ganzen Aufstieg mitgemacht hatte. …

Auf etwas ganz anderes hatte es mein Blick abgesehen: auf das Gebäude des Stadttheaters, das ich, aus der Zeughauspassage kommend, verschlossen gefunden hatte. Der Kasten zeigte mit seiner Kuppel eine verteufelte Ähnlichkeit mit einer unvernünftig vergrößerten, klassizistischen Kaffeemühle, wenn ihm auch am Kuppelkopf jener Schwengel fehlte, der nötig gewesen wäre, in einem allabendlich vollbesetzten Musen- und Bildungstempel ein fünfaktiges Drama samt Mimen, Kulissen, Souffleuse, Requisiten und allen Vorhängen zu schaurigem Schrot zu mahlen. Mich ärgerte dieser Bau, von dessen säulenflankierten Foyerfenstern eine absackende und immer mehr Rot auftragende Nachmittagssonne nicht lassen wollte. Zu jener Stunde, etwa dreißig Meter über dem Kohlenmarkt, über Straßenbahnen und Büroschluß feiernden Angestellten, hoch überm süßriechenden Ramschladen des Markus, über den kühlen Marmortischen des Café Weitzke, zwei Tassen Mokka, Mama und Jan Bronski überragend, auch unser Mietshaus, den Hof, die Höfe, verbogene und gerade Nägel, die Kinder der Nachbarschaft und deren Ziegelsuppe unter mir lassend, wurde ich, der ich bislang nur aus zwingenden Gründen geschrien hatte, zu einem Schreier ohne Grund und Zwang. Hatte ich bis zur Besteigung des Stockturmes meine dringlichen Töne nur dann ins Gefüge eines Glases, ins Innere der Glühbirne, in eine abgestandene Bierflasche geschickt, wenn man mir meine Trommel nehmen wollte, schrie ich vom Turm herab, ohne daß meine Trommel in Spiel war. …
Es war das Theater der Stadt, die dramatische Kaffeemühle, die meine neuartigen, erstmals auf unserem Dachboden ausprobierten, ich möchte sagen, ans Manierierte grenzenden Töne in ihre Abendsonnenfensterscheiben lockte. Nach wenigen Minuten verschieden geladenen Geschreis, das jedoch nichts ausrichtete,

gelang mir ein nahezu lautloser Ton, und mit Freude und verräterischem Stolz durfte Oskar sich melden: zwei mittlere Scheiben im linken Foyerfenster hatten den Abendsonnenschein aufgeben müssen, lasen sich als zwei schwarze, schleunigst neu zu verglasende Vierecke ab.
Es galt, den Erfolg zu bestätigen. Gleich einem modernen Kunstmaler produzierte ich mich, der seinen einmal gefundenen, seit Jahren gesuchten Stil zeitigt, indem er eine ganze Serie gleichartiger, gleichkühner, gleichwertiger, oftmals gleichformatiger Fingerübungen seiner Manier der verblüfften Welt schenkt.
Es gelang mir, innerhalb einer knappen Viertelstunde alle Fenster des Foyers und einen Teil der Türen zu entglasen. …
Halbwissenschaftliche und auch wissenschaftliche Untersuchungen im feuilletonistischen Teil der Tagespresse breiteten noch wochenlang, spaltenreichen phantastischen Unsinn aus. Die »Neuesten Nachrichten« wußten von kosmischen Strahlen zu erzählen. Leute von der Sternwarte, also hochqualifizierte Geistesarbeiter, sprachen von Sonnenflecken.

Zeit für eine Pause in der ulica Mariacka/Frauengasse, dem vielleicht schönsten Beispiel polnischer Rekonstruktions- und Restaurateurskunst. Die schmalen, fünfgeschossigen Bürgerhäuser zwischen der Mottlau und der Marienkirche wurden nach 1945 im Stil der Renaissance originalgetreu wieder aufgebaut, einzelne Schmuckelemente, ein Türsturz, ein Dachreiter, ein Wandfries, die aus den Trümmern geborgen werden konnten, in das Ensemble integriert. Patina macht die Täuschung, die seinerzeit im Danziger Stadtrat nicht unumstritten war, inzwischen perfekt. Wenn der Abend lange Schatten wirft und auf den Mauerbrüstungen der Beischläge die Meerjungfrauen mit den Einhörnern ihr Zwiegespräch aufnehmen, zerspringt schier das Herz vor Glück. Verwunschene Altstadt, verzauberter Augenblick. Die Glocken von Sankt Marien rufen zur Messe, der Zeiger der astronomischen Uhr rückt auf die volle Stunde. Leszek Kamiński und Jerzy Hemerling schließen ihre Kontore ab. In zwei, drei verplüschten Lokalen gehen die Schummerlichter an. Hemdsärmelige Männer halten dort ein polnisches Schwätzchen über Gott und die Werft. Wir falten die Hände zum Dank, daß wir hier sind.

Jörg Bremer, ein Journalist, war ähnlich beeindruckt, als er Anfang der achtziger Jahre für das FAZ-Magazin nach Gdańsk gereist ist.

> Lange Wege gingen wir durch die alten Straßen dieser Stadt und kehrten doch wieder zurück zu unserer Lieblingsgasse, traten unter dem Westportal der Marienkirche einen Schritt zurück und durchmaßen mit Blicken die Länge der Mariacka, der Frauengasse des früheren Danzig. Es hatte geregnet. Nun war mit dem Wegtrocknen der kurzen Regendusche auch wieder etwas von der Schwüle des vergangenen Tages zurückgekehrt. Kein Staub. Die letzten Lichter des späten Abendrotes lassen Sauberkeit aus den Regenrinnen und Kupferwannen blitzen, selbst in den gezierten Gaupen. In der Betrachtung dieser gotischen oder barocken oder jüngeren Fassaden, Beischlag nach Beischlag, beim langsamen Durchmessen des ebenmäßigen Kopfsteinpflasters, erfaßt uns eine Stimmung, die wir immer wieder suchen werden. Viele Male sind wir hierher schon zurückgekehrt. Ich habe ihr meinen Arm über die schmale Schulter gelegt. Mit einer Hand spiele ich in ihrem langen roten Haar. Wir haben unsere Gedanken und Gefühle. Sie liebt Danzig. Ich verehre diese Stadt. …
>
> Die Beischläge von der einen zur anderen Gassenseite sind wenige Kindersprünge voneinander entfernt. Jedes Haus in der Frauengasse hat seinen Beischlag. So zieht

sich das Wohnzimmer von drinnen ein paar Meter in die Öffentlichkeit nach draußen. Und da zeigt man auch ein wenig seinen Wohlstand; wie sich das Treppengeländer zum Altan hinauf kunstvoll schmiedeeisern schwingt oder wie mächtig steinerne Bälle löwengleich den Aufgang bewachen. Die Regenrinnen, die das Regenwasser hoch vom First durch einen Drachenschlund oder ein Fischmaul auf das Kopfsteinpflaster prasseln lassen. Diese Beischläge sind auch nicht immer gleich hoch, häufig unterschiedlich breit, so daß sich Individualität, Geschmack und Vermögen deutlich präsentieren – und dies doch immer mit Zurückhaltung.
Selbst ein geflüstertes Wort dringt von der einen Terrasse auf die gegenüberliegende. Und wenn sich die Frau Senator bei der Gattin des Richters auf der anderen Seite über die Untreue ihrer Magd beklagt, dann hört man das vielleicht auch noch im hellhörigen Heim der Witwe zwei Häuser weiter. Ich wende ein, daß sie sich nicht auf offener Straße so deutlich über ein delikates Thema geäußert haben wird. »Aber stell es dir doch einfach einmal vor«, meint meine Begleiterin und will mir die Augen schließen. Ich ahne eine andere Szene, einen Sonntagmorgen vor vielen Jahren. Die Glocken der Marienkirche läuten, und längst schon ist der Pfarrer hinter uns durch die Kirchentür verschwunden. Es ist warm. Man kann draußen frühstücken. Auf der einen Straßenseite scheint sogar die Sonne, was allerdings die Magd im Haus des Senators nur dazu veranlaßt, einen Sonnenschirm zu spannen. Doch nicht nur aus diesem Haus dringt nun das Leben auf die Straße. Es riecht nach frischem Kaffee und heißer Schokolade, und während sich Vater später eine erste Zigarre ansteckt, verschwinden die Kinder vom Beischlag und schließen sich den andern auf der Straße an. Die Mütter tauschen Neuigkeiten. Die Gasse ist eine Gemeinschaft. Man kennt einander. Man mag einander

zuweilen wenig schätzen, aber man muß miteinander auskommen. Schließlich gehen ja zuweilen sogar die Kellergewölbe des einen Hauses in die des Nachbarhauses über. Danziger wohnen hier: stolze, unabhängige, aber gesellige Leute. Ihnen geht der freie Handel, später das selbständige Handwerk über alles; denn daraus ziehen sie ihren Reichtum. Und da mag es weniger wichtig sein, ob der Getreidehändler die Ernte von einem polnischen Hof oder einem deutschen Rittergut erwirbt. Das Korn muß gut sein.

Die Markthalle hinter der Nikolaikirche ist eine verglaste Metallkonstruktion aus der Zeit des Jugendstils, ein frühes Wunderwerk der Bautechnik. Dorsche und Flundern liegen auf Gebirgen von Eis. An Fleischerhaken hängen Rinderrippen und Hammelkeulen. Hühner werden mit Köpfen und Hälsen, Mägen und Lebern verkauft. Ein Kilo Tomaten kostet umgerechnet zwei Mark, ein Ei einen Groschen. Maiglöckchensträuße duften neben Posamentenständen. Futterstoffe sind zu glänzenden Ballen gerollt, Nähseide und Stopfgarn nach Farben sortiert, Knöpfe und Knöpfchen auf kleine Paletten geheftet. Es gibt Unterwäsche aus Rippenstrick und Socken im Sechserpack, Putzwolle für den Herd und Vaseline für die Hände. Es gibt auch Plastiktüten für ein paar Złoty mit Werbeaufdrucken von Pall Mall und Lucky Strike, Lecomte und Lego, Zeug für halbwüchsige Möchtegerne. Die Hausfrauen haben natürlich ihre Einkaufsnetze mitgebracht. Sie achten auf den Preis und nehmen das Gemüse der Saison. Aber ihre Netze sind voll. Dann gehen sie zum Fryzjer gegenüber, der ihnen fürs Wochenende eine frische Dauerwelle macht.

Wir schlendern zum Kaufhaus in der Großen Mühle, dem ehemaligen Kornspeicher am Radaunekanal, wo auch Sankt Brigitten, Sankt Katharinen, Sankt Joseph und Sankt Elisabeth stehen; wer hat die Kirchen von Danzig gezählt, wer die

Das Krantor an der Uferpromenade, wo Läden und Cafés zum Bummeln einladen.

Schar der Gläubigen, Frauen und Männer, junge wie alte, die hier tagtäglich für wenige Minuten der Muttergottes ihre Aufwartung machen? Das polnische Volk und der Katholizismus: eine verschworene Gemeinschaft, durchaus ein Politikum, vielleicht nur mit irischen Verhältnissen vergleichbar. Das Kaufhaus jedenfalls ist ganz von dieser Welt. Ein gläserner Lift schwebt zu den Galerien, wo Pronta Moda und Paloma Picasso, Markenturnschuhe und Galanteriewaren nicht vergeblich auf Kundschaft warten. Drüben, im ehemaligen Rathaus der ursprünglichen Altstadt, ist ein Kommunikationszentrum mit Café und Bistro eingerichtet. Eine prächtige Holztreppe führt in den Saal im ersten Stock, ein blau-weißes Kachelband setzt Akzente dazu. Irgendwas wird gefeiert. Aufgeräumte Damen jenseits der Fünfzig prosten sich mit Champagner zu und tragen rote Rosen im Knopfloch ihrer Jacken. Der Buchhändler im Parterre führt Isaac B. Singer, Sigmund Freud und Franz Kafka.

An der Motława, der Mottlau, müssen wir noch entlangspazieren, am einstigen Hafen der Stadt. Zwischen Bleihof und Speicherinsel, Krantor und Kaimauer sind die kleinen Läden mit Bernsteinschmuck, Landkarten und Kupferstichen angesiedelt. Ein Besucher fortgeschrittenen Alters blättert im »Danziger Hauskalender«, den Siegfried Rosenberg aus Deutschland bis in die Gegenwart fortschreibt. Wir nehmen auf der Terrasse des »Pod Żurawiem« Platz und essen Barszcz mit Kolduny, Rote-Bete-Suppe mit Maultaschen, und später zwei Gofry, warme Waffeln mit süßer Sahne. Schulkinder winken einem Ausflugsschiff nach. Die »Sołdek« schaukelt im Fluß. Später bringt uns der Bus in die Vorstadt, dorthin, wo die Danziger mehrheitlich wohnen. Auch Ewa Gabowski wohnt hier, die wir mal auf der Buchmesse trafen. Ein grauer Block, ein finsteres Treppenhaus, eine strahlende Ewa. Und wie wir eintreten, müssen wir an jene Liebeserklärung denken, die Detlef Kuhlbrodt in der »Frankfurter Rundschau« vor Jahresfrist Gdańsk und den Polen gemacht hat.

In Danzig wohnte ich in der Privatpension »Angela«. Die Pensionswirtin, eine Polnischlehrerin, liebt bunte Farben, Muster und Marienbilder und ist wie die meisten Polen eine große Pflanzenfreundin. In der Küche gab es sechs Farne; im Wohnraum stand ein laubumkränzter Fernseher, in dem ein Mann, der ein bißchen an Gregor Gysi erinnerte, sentimentale Lieder sang. Das Einzelzimmer war grasgrün, das Doppelzimmer samtrot. Im Eßzimmer, das mit schweren Vorhängen imponierte, war das Klavier plastikblumengeschmückt, während ansonsten raffinierte Kombinationen aus Kunst- und echten Blumen vorherrschten. Überall gab es Bilder an den Wänden. Und Würstchen, Blaubeerkuchen, Bier, Marmelade, Käse, Mayonnaise, Ketchup, Kaffee, Salzgurken, Quark und Eier zum Frühstück. Und alles war klasse.

Wir fahren stadtauswärts, wir wollen ans Meer, so wie die Danziger, die ein paar Tage Urlaub haben. Coca-Cola-Reklame in Schrebergärten. Fabrikschlote und Schrottplätze. Satellitenschüsseln auf Plattenbauten, Kinderwäsche auf den Balkonen. Vor den Werften stehen drei hohe Metallkreuze, ein jedes Erinnerung an die Arbeiter, die 1970 am Werkstor 2 den blutigen Streiks für Brot und Demokratie zum Opfer fielen; noch immer werden hier Blumen niedergelegt. Und Paweł Huelle läßt Dawid Weiser, seinen Hauptdarsteller, auftreten.

Und nachher fuhren wir mit der Zwei nach Wrzeszcz, und Weiser stieg extra aus, um Elka noch ein Haus zu zeigen, diesmal nicht das eines Philosophen, sondern das von Schichau, der vor dem Krieg, als dieser Stadtteil Langfuhr hieß, der Besitzer der Werft gewesen war und bestimmt schrecklich viel Geld besaß, denn das Haus war wirklich riesig, hatte mehrere Eingänge und runde Türmchen, die Elka am besten gefielen. »Genau wie im Märchen«, lachte sie Weiser an und zeigte auf ein Türmchen mit einem Fenster. »Da möchte ich wohnen und von Drachen bewacht werden, und du würdest kommen und mich aus den Händen des bösen Zauberers befreien, oder nein, am besten wärst du Merlin und würdest mich furchtbar quälen, mich in einen Frosch oder eine Kröte verwandeln, oder in eine Spinne, und ich würde schrecklich weinen, und keiner würde mich befreien«, und Elka schwatzte ihr dummes Zeug; Weiser sagte nichts; ich aber überlegte mir, warum so ein Schichau und ähnlich reiche Leute so sonderbare Häuser bauten. Was hatten sie von den unpraktischen Türmchen, den Schnörkeln, dem Firlefanz, von diesen spitz zulaufenden Dächern, den Balkönchen und kleinen Galerien, und ich dachte damals, sicher war es aus Langeweile, denn wenn M. uns im Biologieunterricht von der Ausbeutung und vom Klassenkampf erzählte, dann äußerte er sich eben in dieser Weise über die Reichen, daß sie aus Langeweile die schlimmsten Dinge taten, auf Arbeiter schossen, ihnen ihre Frauen und Töchter nahmen und überhaupt degeneriert und unmoralisch waren, weil sie nichts zu tun hatten. Zum Glück muß ich heute nicht daran erinnern, was M. für gut und moralisch hielt, damals jedenfalls stellte ich mir Schichau vor, wie er in seinem Zimmer sitzt, dick, fett, schweißüberströmt, eine Zigarre raucht, und draußen auf der Jaśkowa Dolina, denn so unschuldig heißt die Straße mit den Türmchenhäusern, draußen also marschieren unsere Väter und singen »Als das Volk mit Waffen in den Kampf zog«, und Herr Schichau nimmt mit seinen dicken Wurstfingern den Hörer seines Telefons ab und ruft die Polizei, weil er, Herr Schichau, genug hat von dem Lärm vor dem Fenster seiner Villa und es Zeit ist, für Ordnung zu sorgen. Unsere Väter marschierten zwar nie vor dem Haus Herrn Schichaus durch die Jaśkowa Dolina und sangen nicht »Als das Volk mit Waffen«, aber

1970 gingen sie am Parteikomitee vorbei und sangen »Wacht auf, Verdammte dieser Erde, die stets man noch zum Hungern zwingt«. Und Piotr ging hinaus auf die Straße, um zu sehen, was los war und bekam eine Kugel in den Kopf. Aber das ist eine andere Geschichte, die mit Weiser überhaupt nichts zu tun hat.

In Brzezno/Brösen überragt ein Kirchlein den Dorfplatz. Windschiefe Backsteinhäuser stehen unter Linden und Kastanien. Hühner scharren in den Vorgärten. Im Schuppen wird ein Boot lackiert. Ein Gartentor quietscht. Hinter Perlongardinen verbirgt sich eine kleine Kawarnia. Sandige Wege führen zum Strand. Kindergartenkinder mit Buddeleimer und Schwimmflossen folgen einer frommen Schwester. Die Badesaison ist eröffnet, die Städter tummeln sich an der Ostsee, wie eh und je. Rechterhand, in Nowy Port/Neufahrwasser, tuten die Fähren, die »Pomerania«, die »Rogalin«, zur Abfahrt nach Helsinki. Links, an der Mole, liegt, halbversenkt, ein alter Kahn. Vor uns liegt Tulla, spillerig und aschblond, in ihrem blauen, viel zu engen Kleid. Im Kino wurde sie von der Berliner Göre Claudia Bremer verkörpert, Lars Brandt, Willys Sohn, spielte auch mit. Die Schnappschüsse der Erinnerung überlappen sich. Mahlke mit dem Adamsapfel taucht zum Minensucher runter und bringt die Jungfrau von Tschenstochau mit hoch. Agnes Matzerath, Oskars Mutter, wird grün im Gesicht, als ein Angler aus dem Wasser einen Pferdekopf zieht, der soeben von fetten Aalen ausgeweidet wird. Ist alles in Brösen passiert.

Unweit des Zisterzienserklosters von Oliwa/Oliva, diesem beschaulichen Vorort von Gdańsk, haben die Schopenhauers gewohnt, bis sie nach der Annektion Danzigs durch die Preußen aus Protest und freien Stücken nach Weimar umgezogen sind. Johanna Schopenhauer, Arthurs Mutter und Reiseschriftstellerin, erinnert sich an die alte Heimat.

Sechs der sieben zwischen Strieß und Oliva unbeschreiblich schön gelegenen Landhäuser, unter ihnen auch das eben als unser Eigentum erwähnte, versinken verödet und einsam langsam in sich selbst.
In einiger Entfernung voneinander erbaut, lehnen sie mit ihren zum Teil recht grandiosen, von uralten herrlichen Buchen und Rüstern umschatteten Gartenanlagen, an den ebenfalls mit großen ehrwürdigen Bäumen prangenden Anhöhen, welche den Saum eines bis in Kassuben hinein sich erstreckenden Waldes bilden. Feld und Wald, die Halbinsel Hela mit ihrem Leuchtturm, die offene See, die Reede mit den aus blauer Ferne heransegelnden Schiffen, der Hafen, der diesen als erwünschtes Ziel sich eröffnet, der in die Ostsee sich ergießende Weichselstrom, mit der Festung Weichselmünde an seinem Ufer, die ganze reich angebaute Umgebung, die über die hohen Wälle der Stadt hervorragenden, noch weit höheren Türme, alles dieses zusammen aus den Fenstern dieser etwas hoch liegenden Häuser gesehen, gewährt eine der reichsten und entzückendsten Aussichten, die ich kenne; sie alle waren das Eigentum durch Wohlhabenheit sich auszeichnender Familien und wurden während der Sommerszeit von diesen bewohnt.

Und wir steigen mit Harry Liebenau in die Linie 5, die zwischen Oliwa/Oliva und Hauptbahnhof verkehrt. Tulla Pokriefke, Harrys angehimmelte Cousine, ist ein paar Jahre älter geworden und steht, kriegsdienstverpflichtet, im Führerhaus der Straßenbahn, ein fesches Uniformmützchen schief auf dem mittlerweile dauergewellten Haar. Harry muß morgen an die Front. Tulla, wie immer, bleibt cool.

Backsteingotik strengte sein Auge an, daß es überging: Tränen? Nur eine. Denn schon rief Tulla seine Station aus – »Hauptbahnhof!« – und Harry ließ zwei leere Fahr-

scheinblöcke in die Tasche gleiten.
Als er seinen Pappkoffer beim Griff faßte, hielt ihm Tulla eine kleine Hand hin, deren Daumen ein roter Gummiüberzug schützen und beim Geldwechseln sicher machen sollte. Tullas andere Hand wartete bei der Klingelleine: »Paß schön auf, daß sie Dir nicht die Nase wegschießen. Hörst Du!«
Da nickte Tullas Cousin wieder und wieder gehorsam, auch als Tulla die Bahn schon abgeklingelt hatte, und er für sie und sie für ihn, er auf dem Bahnhofsvorplatz – sie mit abfahrender Linie Fünf, kleiner und kleiner wurden. Kein Wunder, daß Harry Liebenau, als er im D-Zug auf seinem Koffer saß und von Danzig bis Berlin mit leeren Fahrscheinblöcken spielte, ein koschnäwjer Liedchen im Ohr hatte, das hieß, im Rhythmus der Schienenstöße: »Duller Duller, Tulla. Dul Dul, Tulla. Tulla Tulla, Dul.«

Quellennachweis

S. 10f. Uwe Johnson, Jahrestage. Band 3. © Suhrkamp Verlag Frankfurt/M. 1973. Mit freundlicher Genehmigung.
S. 14f. Alfred Kerr, Erlebtes 1, Berlin 1989. Abdruck mit freundlicher Genehmigung der S. Fischer Verlag GmbH, Frankfurt/M.
S. 16ff. Alfred Andersch, Sansibar oder der letzte Grund. © 1970 Diogenes Verlag AG Zürich. Mit freundlicher Genehmigung.
S. 21f. Helene von Nostitz, Aus dem alten Europa. it 1479, © Insel Verlag Frankfurt/M.1978. Mit freundlicher Genehmigung.
S. 24f. Péter Nádas, Buch der Erinnerungen, deutsch von Hildegard Grosche. © 1991 Rowohlt. Berlin. Mit freundlicher Genehmigung.
S. 32f. Ricarda Huch, Im alten Reich. Lebensbilder deutscher Städte. Werke Band 4. © 1967 Verlag Kiepenheuer & Witsch Köln. Mit freundlicher Genehmigung.
S. 35f. Walter Kempowski, Tadellöser & Wolff. © 1978 Albrecht Knaus Verlag GmbH, München. Mit freundlicher Genehmigung.
S. 37 Alexander Osang, Die stumpfe Ecke. Alltag in Deutschland. 25 Porträts. © 1994 Ch. Links Verlag Berlin. Mit freundlicher Genehmigung.
S. 39f. Georg Piltz/Constantin Beyer, Backsteingotik, Würzburg. Mit freundlicher Genehmigung des Autors Georg Piltz.
S. 40f. Manfred Sack, Dieser Baustil hat ein Herz aus Stein. Aus: Merian. Mecklenburg-Vorpommern (12/43). Mit

freundlicher Genehmigung des Hoffmann und Campe Verlags, Hamburg.

S. 45f. Walter Kempowski, Tadellöser & Wolff. © 1978 Albrecht Knaus Verlag GmbH, München. Mit freundlicher Genehmigung.

S. 51f.; 58 Hans Fallada, Damals bei uns daheim. Ausgewählte Werke in Einzelausgaben, Band 10. © Aufbau-Verlag Berlin/Weimar 1982. Mit freundlicher Genehmigung.

S. 52ff. Erich Kästner, Als ich ein kleiner Junge war. © Atrium Verlag, Zürich 1957. Mit freundlicher Genehmigung.

S. 58f. Alfred Kerr, Erlebtes 1, Berlin 1989. Abdruck mit freundlicher Genehmigung der S. Fischer Verlag GmbH, Frankfurt/M.

S. 70f. Christa Wolf, Sommerstück. © 1989 Luchterhand Literaturverlag GmbH. Alle Rechte vorbehalten: Luchterhand Literaturverlag GmbH. München. Mit freundlicher Genehmigung.

S. 75f. Fritz Rudolf Fries, An der Ostsee. Unterwegs in Mecklenburg. © 1995 Schöffling & Co. Frankfurt/M. Mit freundlicher Genehmigung.

S. 79 Ricarda Huch, Im alten Reich. Lebensbilder deutscher Städte. Werke Band 4. © 1967 Verlag Kiepenheuer & Witsch Köln. Mit freundlicher Genehmigung.

S. 87ff. Gabriele Goettle, Deutsche Sitten. Erkundungen in Ost und West. © Vito von Eichborn GmbH & Co Verlag KG, Frankfurt/M., Juni 1991. Mit freundlicher Genehmigung.

S. 95f. Carl Zuckmayer, Als wär's ein Stück von mir. Erinnerungen. © 1966 Carl Zuckmayer. Abdruck mit freundlicher Genehmigung der S. Fischer Verlag GmbH, Frankfurt/M.

S. 96f. Katia Mann, Meine ungeschriebenen Memoiren. © 1983 S. Fischer Verlag GmbH. Frankfurt/M. Mit freundlicher Genehmigung.

S. 99f. Christoph Hein, Der Tangospieler. © 1989 Aufbau-Verlag Berlin/Weimar. Mit freundlicher Genehmigung.
S. 105ff. Wolfgang Koeppen, Jugend. © Suhrkamp Verlag Frankfurt/M. 1976. Mit freundlicher Genehmigung.
S. 113 Maxim Gorki, Sommergäste, Stuttgart 1975. © Philipp Reclam jun. Mit freundlicher Genehmigung.
S. 113ff. Hans Werner Richter, Geschichten aus Bansin. © nymphenburger in der F. A. Herbig Verlagsbuchhandlung GmbH, München 1970. Mit freundlicher Genehmigung.
S. 122f. Ruth Kraft, Insel ohne Leuchtfeuer, 2. Auflage Berlin 1992. Mit freundlicher Genehmigung des Vision Verlags.
S. 138ff. Selma Lagerlöf, Nils Holgerssons schönste Abenteuer Mit den Wildgänsen. © 1956 nymphenburger in der F. A. Herbig Verlagsbuchhandlung GmbH, München. Mit freundlicher Genehmigung.
S. 143 Erich Kästner, Als ich ein kleiner Junge war. © Atrium Verlag, Zürich 1957. Mit freundlicher Genehmigung.
S. 149; 151 Christian Graf von Krockow, Die Reise nach Pommern, Stuttgart 1987. Mit freundlicher Genehmigung der Deutschen Verlags Anstalt.
S. 157ff. Günter Grass, Die Blechtrommel (Studienausgabe Band 1). © Steidl Verlag, Göttingen 1993. Mit freundlicher Genehmigung.
S. 160ff. Jörg Bremer, Schwüle Tage in Danzig. aus: Frankfurter Allgemeine Magazin vom 4. März 1983. Mit freundlicher Genehmigung.
S. 165 Detlef Kuhlbrodt. Mit freundlicher Genehmigung des Autors.
S. 165ff. Pawel Huelle, Weiser Dawidek. © 1990 Luchterhand Literaturverlag GmbH, Frankfurt/M. Alle Rechte vorbehalten: Luchterhand Literaturverlag GmbH, München. Mit freundlicher Genehmigung.

S. 168f. Günter Grass, Hundejahre (Studienausgabe Band 2). © Steidl Verlag, Göttingen 1993. Mit freundlicher Genehmigung.

Bildnachweis

Klaus Kallabis: S. 7; 12; 25; 33; 73; 80; 89; 109; 145; 154; 163.
Michael Meyborg/Signum: S. 19; 42; 55.
Ullstein Bilderdienst: S. 76; 119.
Foto Löffler: S. 92.
Filmverlag der Autoren: S. 124 (Hanna Schygulla/Ulli Lommel in Rainer Werner Fassbinders Film „Effi Briest“, 1974).
Günter Blutke/be.bra: S. 135.
Jürgens Ost & Europa Photo: S. 142.
Kulturhistorisches Museum Rostock: S. 61.
Staatliche Kunstsammlung Dresden: S. 102.
Heiner Maier: S. 49; 69; 72; 107; 112.

Klett-Cotta

Printed in Germany
Umschlag: Klett-Cotta-Design
Gesetzt aus der Janson Text
von Steffen Hahn, Kornwestheim
Gedruckt auf säure- und holzfreiem Werkdruckpapier
und gebunden von Gutmann, Talheim

Die Deutsche Bibliothek – CIP-Einheitsaufnahme

Stössinger, Jutta:
Badeleben : literarischer Reisebegleiter von Wismar bis Danzig
/ Jutta Stössinge. Unter Mitarb. von Heiner Maier. – Stuttgart :
Klett-Cotta, 1996
ISBN 3-608-91776-4

Bornholm
Ostsee
Rügenwalde
(Darłowo)
Kolberg
(Kołobrzeg)
Köslin
(Koszalin)
Cammin
(Kamień Pomorski)
Misdroy
(Międzyzdroje)
Oder
Stettin